Andrea Riva

Der Mord an Aldo Moro

Terrorismus oder Staatskomplott?

CW00801590

Andrea Riva

Der Mord an Aldo Moro

Terrorismus oder Staatskomplott?

GRIN Verlag

Bibliografische Information der Deutschen Nationalbibliothek: Die Deutsche Bibliothek verzeichnet diese Publikation in der Deutschen Nationalbibliografie; detaillierte bibliografische Daten sind im Internet über http://dnb.d-nb.de/ abrufbar.

1. Auflage 2010
Copyright © 2010 GRIN Verlag
http://www.grin.com/
Druck und Bindung: Books on Demand GmbH, Norderstedt Germany
ISBN 978-3-640-70829-1

Andrea Riva

Der Mord an Aldo Moro
Terrorismus oder Staatskomplott?

Inhalt

1. Einleitung

Als am 16. März 1978 um viertel vor zehn, ca. eine halbe Stunde nachdem die Tat vollzogen wurde, Bruno Vespa[1] in einer Sonderausgabe vom TG1[2] von der Entführung von Aldo Moro durch die Brigate rosse berichtete und die ersten Bilder der in der Via Fani[3] in Rom getöteten Männer von Moros Leibwache im Fernsehen ausgestrahlt wurden, wurde Italien in einen Zustand der Machtlosigkeit versetzt. Dass die Brigate rosse eine inzwischen ernst zu nehmende terroristische Organisation war, war der Nation bekannt. Die politische Gewalt in Italien war in den siebziger Jahren ständig präsent: Im Bewusstsein der Menschen und auf den Straßen, wo immer wieder blutige Anschläge im Namen des Volkes ausgeübt wurden.[4] Und spätestens nach der im Jahr 1974 gelungenen Entführung vom Genueser Staatsanwalt Mario Sossi[5] fühlte man sich auch in den Kreisen von Politik und Justiz nicht mehr sicher. Doch niemand hätte sich jemals vorstellen können, dass genau diese Organisation in der Lage gewesen wäre, ein wichtiger politischer Vertreter in Italien und zeitgleich Präsident der regierenden Partei, die *Democrazia Cristiana*[6],zu entführen und fast zwei Monate lang, trotz der vollen Aufmerksamkeit von Politik und Öffentlichkeit, nicht nur in Italien sondern auf der ganzen Welt, erfolgreich zu verstecken. Bis heute, nach über 30 Jahren, ist der „Fall Moro" weiterhin eines der dunkelsten historischen und politischen Geheimnisse des Nachkriegsitalien; Ein Anschlag auf den Staat, der zwar viele Narben, aber genau so viele offene Wunden, zum Teil geklärte, aber auch einige ungeklärte Fragen hinterlassen hat. Lange Zeit war die Realität, mit der die Öffentlichkeit gefüttert wurde, nur eine Fassade, hinter der man nur, falls man versuchte etwas tiefer zu graben, auf großes Schweigen gestoßen ist[7]. Die *Brigate rosse* und ihre Ideologie waren in den Köpfen der Bevölkerung lange Zeit die einzigen Schuldigen. Die roten Terroristen, die Antwort auf die deutsche Rote Armee Fraktion, die den Sturz des kapitalistischen Staates als Ziel hatten, wurden zum perfekten Werkzeug begabter Hände, die versuchten, die Wahrheit zu

---

[1] Bruno Vespa: italienischer Journalist, geb. am 27. Mai 1944, war 1978 Nachrichtensprecher des TG1 auf dem Kanal RAI 1, der erste Sender des italienischen öffentlich-rechtlichen Rundfunks
[2] TG1: Telegiornale 1, Nachrichten-Sendung von RAI 1
[3] Via Fani: übers. "Fani-Straße"
[4] Vgl. Kellmann,K. Der Staat lässt morden. S. 8-9
[5] Vgl. Curcio.R, A viso aperto. S. 89-93
[6] Democrazia cristiana, christdemokratische Partei, gegr. 1942 – aufgelöst 1994
[7] Vgl. Accame,F. Moro si poteva salvare. S. 8

vertuschen.[8] Zum Teil bis heute. Doch der Druck der Öffentlichkeit und die Aussagen einiger Schlüsselfiguren bildeten eine immense Last und die ungelösten Fragen wirkten in den Jahren wie ein Tropfen Wasser der immer wieder auf einen Stein fällt. Langsam, wirklich sehr langsam, höhlten die Fragen diese Wand des Schweigens wie das Wasser das Gestein und arbeiteten sich mit Beharrlichkeit und Zuversicht, dass die Wahrheit eines Tages in vollem Umfang ans Licht kommen würde, immer und immer weiter. Mit einigen dieser Fragen wird sich diese Arbeit auseinandersetzen um dem Leser einen Einblick hinter die vorhin erwähnte Fassade zu ermöglichen: Hätte man irgendwie die Entführung Moros verhindern können? Gab es irgendwelche Warnsignale, dass etwas passieren würde, die hätten ernster genommen werden müssen? Tat der italienische Staat alles Notwendige, um den sich ereigneten Epilog zu verhindern? Und eine der wichtigsten Fragen die man sich stellen muss, ist natürlich: Warum Aldo Moro? „Er schien derjenige zu sein, der in den schrecklichen Ereignissen, die seit '69 vorgefallen sind, am wenigsten involviert war"[9] schrieb der italienische Schriftsteller Leonardo Sciascia bereits im Herbst 1978. Zusätzlich kann durchaus behauptet werden, dass zum Zeitpunkt der Entführung andere politische Persönlichkeiten sicher einflussreicher waren als Moro: Man denke da nur beispielsweise an Ministerpräsident Giulio Andreotti, Innenminister Francesco Cossiga oder die Vorsitzenden von Senat und Abgeordnetenkammer Amintore Fanfani und Pietro Ingrao, um beispielsweise einige zu nennen. Und doch entschieden sich die Terroristen für den Anschlag an dem ehemaligen Ministerpräsidenten und Professor an der Universität „La Sapienza" in Rom[10], Moro. Vielleicht war aber der engagierte Christdemokrat doch wichtig, vielleicht für Manche gefährlich und entsprechend handelten auch einige seiner „Parteifreunde" während seiner Entführung.[11] Es wird notwendig sein, um diesen Fall zu verstehen, die Entstehung und die Rolle der *Brigate rosse* im Italien der 70er Jahre zu schildern, sowie die Person Aldo Moro vor seiner Entführung vorzustellen, um damit die geeignete Brücke zu diesem Vormittag des 16. März 1978 zu bauen, als das Land um viertel vor zehn aufmerksam die Stimme von Bruno Vespa und die ersten Bilder aus der Via Fani in Rom auf sich einwirken ließ. Dabei ist allerdings zu beachten, dass die Quellenlage und die zum Teil sehr widersprüchlichen Aussagen der verwickelten Personen äußerst kompliziert sind, wodurch sich nur sehr schwer feststellen lässt, was die „Wahrheit" zu diesem Fall im Endeffekt ist. Der Fall Moro darf nicht als gradliniger

---

[8] Vgl. Kellmann,F. Der Staat lässt morden. S. 9
[9] Vgl. Sciascia,L. L'affaire Moro. S. 14 wo der Schriftsteller einen Satz von seinem Kollegen Pier Paolo Pasolini aus einem Artikel aus dem „Corriere della Sera" vom 01.02.1975 zitiert.
[10] Seit 1963 Inhaber des Lehrstuhls "Strafrechtsprozedur und Rechtsinstitutionen" in Rom, davor war er Professor für Strafrecht an der Universität Bari.
[11] Vgl. Kellmann,K. Der Staat lässt morden. S. 10

3

Ablauf von Geschehnissen verstanden werden, sondern eher wie ein Puzzle, das Stück für Stück, mit viel Geduld zusammengesetzt werden muss.

2. Aldo Moro

Aldo Moro wurde am 23. September 1916 in Maglie di Lecce, Apulien, als Sohn des Grundschullehrers Renato Moro und seiner Frau Fida Stinchi geboren. Moro wuchs in der schwierigen Zeit des faschistischen Italien auf. Seine Familie war zwar nicht faschistischer Überzeugung, nahm aber auch nicht an der antifaschistischen Bewegung teil.[12] Die Schule besuchte Aldo Moro erst in Maglie di Lecce, danach in Taranto, wo er sein Abitur schaffte. An der Universität in Bari studierte er dann Jura, wo er dann bereits im jungen Alter von 22 Jahren das Studium abschloss. 1935 trat Moro dem katholischen Studentenverband FUCI[13] bei, dessen er dann 1939 Vorsitzender wurde und bis 1942 blieb. Hier begegnete er auch erstmalig Giulio Andreotti, sein Nachfolger im FUCI sowie zukünftiger Kollege in der *Democrazia Cristiana*. Ab 1941 wurde Moro Dozent in Bari, 1944 trat er der *Democrazia Cristiana* bei, der jungen, zunächst illegalen Partei von Alcide De Gasperi[14], die erst 1942 aus dem aufgelösten *Partito Popolare Italiano* (PPI)[15] entstanden war.[16] Mit zwanzig hatte der damalige Student die Grundschullehrerin Eleonora Chiaverelli kennengelernt, die er 1945 zu seiner Frau machte. Das Paar bekam vier Kinder: Maria Fida 1946, Anna Maria 1949, Maria Agnese 1952 und Giovanni 1958. Von seinem Privatleben gab Moro während seiner gesamten politischen Karriere sehr wenig preis. Seine Familie und Privatsphäre versuchte er stets zu schützen.

1946 wurde Moro zum stellvertretenden Vorsitzenden der *Democrazia Cristiana* gewählt und nahm als erst 29-jähriger an der *Assemblea Costituente della Repubblica Italiana*, das 75-Mann-Gremium das die Verfassung der neugeborenen italienischen Republik ausarbeitete, teil. Moro durchlief dann in den Folgejahren mehrere Positionen innerhalb der Partei und der Regierungen, in denen die *Democrazia Cristiana* konstant als stärkste Kraft vertreten war. Dann, 1959, kam der große Sprung: Moro wurde mit gerade mal 43 Jahren Parteivorsitzender und ab 1963 Ministerpräsident. Insgesamt führte Moro fünf Regierungen in zwei Abschnitten, drei Regierungen zwischen 1963 und 1968 und dann weitere zwei zwischen 1974 und 1976. Die Politk Moros war eine Politik des Kompromisses, der

---

[12] Vgl. Guerzoni, C. Aldo Moro S. 26-27
[13] Federazione Universitaria Cattolica Italiana
[14] Ital. Staatsmann und Politiker, Gründer der Democrazia Cristiana, geb. am 3. April 1881 in Pieve Tesino bei Trient, damals Österreich-Ungarn; gest. am 19. August 1954 in Sella- Borgo Valsugana, Italien
[15] Partito Popolare Italiano: Italienische Volkspartei
[16] Vgl. Agasso R. Il piombo e il silenzio S. 102

Koalitionen und der Überlebensfähigkeit. Er war Demokrat durch und durch und wollte politische Stabilität und Sicherheit für sein Land schaffen.[17]

2.1. Die „Öffnung nach links" und der „Historische Kompromiss"

Einer der wichtigsten Aspekte von Moros Politik war die sogenannte Öffnung nach links. In jungen Jahren war Moro gegenüber dem Kommunismus und dem *Partito Comunista Italiano* (PCI)[18] sehr kritisch eingestellt. Allerdings wandelte sich mit der Arbeit in der Politik und mit den daraus entstandenen Erfahrungen dieser erste Eindruck in eine Form von Respekt vor einem starken politischen Gegner, der in der Lage war, massenweise Zustimmung beim Volk zu haben. Außerdem war sich Moro mehr als bewusst, dass die wirklichen Gefahren für die Stellung der *Democrazia Cristiana* nicht links sondern viel mehr rechts lauerten.[19] Als Anfang der 70er Jahre Italien durch die starke politische Terrorismuswelle angefallen wurde und sogar die Gefahr eines rechtsextremistischen Militärputsches bestand, hielt es Moro für notwendig, eine „Öffnung nach links" anzuzielen.[20] Er war nicht der Erste, der diese Ansicht vertrat. Allerdings galt die bisherige Öffnung nur den Sozialisten.[21] Die Kommunisten wurden wegen ihren ideologischen Überzeugungen immer als inkompatible Koalitionspartner gesehen. Allerdings lag die Tatsache vor Augen, dass man nicht viel länger die PCI aus dem Regierungskabinett hätte halten können, vor allem nicht nach den Wahlen von 1976, als die Kommunisten um ein Haar nicht die *Democrazia Cristiana* überholten. So sahen sich die Christdemokraten gezwungen, eine Lösung zu finden. Daher Moros Bemühungen um eine Annäherung der zwei Parteien; er suchte den sogenannten „Historischen Kompromiss".[22] In einer Rede aus dem Jahr 1975 sagte Moro, dass Christdemokraten und Kommunisten ihre Kräfte wieder vereinen sollten, nachdem die frühere Zusammenarbeit „auf dem langen Weg zur Demokratie" nach dem Sturz des Faschismus so erfolgreich gewesen war.[23]

Auf der internationalen Bühne gab es allerdings einen aufmerksamen Beobachter, der die Entwicklungen der „Öffnung nach links" genau verfolgte: die USA. In Westeuropa gab es nach dem Ende des zweiten Weltkriegs zwei Länder, in denen sich die jeweilige kommunistische Partei sehr stark entwickelt hatte: Italien und Frankreich. Die USA konnten und wollten keinesfalls riskieren, dass einer dieser beiden einflussreichen

---

[17] Vgl. Kellmann,K. Der Staat lässt morden. S. 35
[18] Kommunistische Partei Italien
[19] Vgl. Guerzoni, C. Aldo Moro S. 166
[20] Kellmann,K. Der Staat lässt morden. S. 39-40
[21] Mit "Sozialisten" ist der Partito Socialista Italiano (PSI) gemeint
[22] Vgl. Guerzoni, C. Aldo Moro S. 168-169
[23] Vgl. Atlante de La Repubblica, I giorni di Moro S. 65

europäischen Staaten kommunistisch werden konnte. So wurde Anfang der 1950er Jahre die Geheimoperation „*Demagnetize*" gestartet. Anliegen dieser Operation war es, durch eine enge Zusammenarbeit der CIA mit den Geheimdiensten der jeweiligen Länder[24], die Gefahr einer Machtübernahme durch den Kommunisten mit allen Mitteln zu verhindern, wie wir noch im Laufe dieser Arbeit erfahren werden. Italien und Frankreich sollten somit vom Kommunismus „entmagnetisiert" werden, ohne die jeweiligen Regierungen davon in Kenntnis zu setzen.[25] Aber auch auf offizieller Ebene versuchten die Amerikaner Druck auszuüben, um gegen den Kommunismus in Italien vorzugehen. So teilte der damalige amerikanische Botschafter in Rom, Hugh Gardner, in einem persönlichen Gespräch Moro mit, dass Amerika eine Politik der „*non-interference*" und der „*non-indifference*" betreiben würde. Mit „*non-interference*" war ein nicht-Eingreifen in die inneren Angelegenheiten eines Landes gemeint, während die „*non-indifference*" ein nicht genauer definiertes Prinzip des Nichtwegschauens war, das viel Spielraum für mögliche Reaktionen auf bestimmte Ereignisse vermuten ließ und somit als geeignetes Druckmittel eingesetzt wurde.[26] Doch obwohl die Amerikaner die Öffnung nach links gar nicht befürworteten, arbeitete Moro weiterhin an dem, was er für richtig hielt. Und seine Arbeit zahlte sich aus: Andreotti wurde nach der Wahl von 1976 Ministerpräsident, Moro besetzte keinen Ministerposten, blieb aber Parteivorsitzender.[27]

Die Kommunisten kamen zwar, obwohl zweitstärkste Partei, nicht in die Regierung, brachten diese aber auch nicht zu Fall, wie es in der italienischen Politik dieser Jahre Gang und Gäbe war. Als Gegenleistung durften sie am Regierungsprogramm aktiv teilnehmen. Am Morgen des 16. März 1978 fuhr Moro zum Parlament. Dort sollte an dem Tag der Regierung von Andreotti das Vertrauen ausgesprochen werden. Die *Democrazia Cristiana* hatte bereits die inoffizielle Zusage von den größten im Parlament vertretenen Parteien erhalten, angefangen bei den Kommunisten, die wie erwähnt, keine Ministerien inne hatten.[28] Die Gespräche, die zu einer positiven Antwort auf die Vertrauensfrage führen sollten, waren der letzte politische Akt von Aldo Moro. Denn zu diesem wichtigen Termin erschien Moro nie.

---

[24] In Italien arbeitete die CIA mit dem Militärgeheimdienst SIFAR (Servizio Informazioni Forze Armate). Kontaktmann und Leiter der Operationen auf italienischem Boden war der General der Carabinieri Giovanni De Lorenzo. Die Logistik der Operation wurde in der amerikanischen Botschaft in Rom organisiert.
[25] Vgl. Accame, F. Moro si poteva salvare S. 19-26
[26] Vgl. Guerzoni, C. Aldo Moro S. 169-170
[27] Vgl. Kellmann, K. Der Staat läßt morden S. 46
[28] Vgl. Atlante de La Repubblica, I giorni di Moro, S. 67

3. *Brigate rosse*

Die *Brigate rosse* wurden im September 1970 in Mailand geboren. Bereits seit einiger Zeit hatten zwei größere, aus dem linken Spektrum stammende Gruppen junger Arbeiter und Studenten, angefangen sich zu treffen, um über ideologische und politische Fragen, sowie die Notwendigkeit eines bewaffneten Kampfes, zu diskutieren.[29] Die erste Gruppe, das *Collettivo Politico Metropolitano*[30] (Abgek. CPM), stammte aus Mailand und wurde von Renato Curcio[31] und seiner Frau Margherita Cagol[32] ins Leben gerufen. Die zweite Gruppe, das *Collettivo Politico Operai Studenti*[33] (Abgek. CPOS), bildete sich in Reggio Emilia um den Anführer Alberto Franceschini[34]. Ein wichtiger Anstoß für einen Zusammenschluss der zwei Gruppierungen kam nachdem am 12. Dezember 1969 bis heute unbekannte Terroristen der rechten Szene eine Bombe in der Piazza Fontana in Mailand, im Gebäude der Nationalen Agrarbank[35], explodieren ließen. Bei der Explosion kamen siebzehn Personen ums Leben und 88 weitere Menschen wurden verletzt. Die späteren Gründer der Brigate rosse fühlten sich dadurch in ihren Ansichten und in der Richtigkeit ihres Vorhabens bestätigt und legitimiert.[36] Danach ging alles relativ schnell: Alberto Franceschini zog nach Mailand und tauchte erstmal unter, primär um sich dem Wehrdienst zu entziehen.[37] Dort gründete er dann im September 1970 mit den Anführern vom vorhin erwähnten CPM, Renato Curcio und Mara Cagol die „Brigata rossa"[38]. Als Beispiel nahmen sie die Taten der uruguayanischen Guerrillabewegung dieser Jahre, das "Movimiento de Liberaciòn Nacional – Tupamaros"[39], die sich auch aus Gewerkschafts- und Arbeiterkreisen bildete. Auch bei der Wahl des Symbols, das die Bewegung repräsentieren sollte, der im Inneren eines Kreises asymmetrische fünfzackige Stern, richtete man sich nach den Tupamaros, sowie nach den Flaggen der Sowjetunion und der Vietkongs.[40] Der Kern der Gruppe war am Anfang von insgesamt ca. 15 Personen gebildet, hauptsächlich Arbeiter der Pirelli und Sit-Siemens Fabriken in Mailand, und hatte noch

---

[29] Vgl. Franceschini,A. Che cosa sono le BR. S. 56
[30] Übers. "Politisches Metropolenkollektiv", wurde im September 1969 in Mailand gegründet
[31] Renato Curcio, geb. In Monterotondo am 23.09.1941
[32] Margherita "Mara" Cagol, geb. in Trient am 08.04.1945
[33] Übers. "Politisches Arbeiter- und Studentenkollektiv", gegr. 1969 in Reggio Emilia
[34] Alberto Franceschini, geb. in Reggio Emilia am 26.10.1947
[35] Ital. Banca Nazionale dell'Agricoltura
[36] Vgl. Curcio, R. A viso aperto S. 3 und Franceschini, A. Che cosa sono le BR S. 55, 56. In den zwei Werken bestätigen zwei der Gründer der Brigate rosse, Renato Curcio und Alberto Franceschini wie sie nach der Bombe in Piazza Fontana besorgt und zeitgleich davon überzeugt waren, dass eine bewaffneter Kampf gegen Staat und „Faschisten" sich nicht mehr vermeiden ließ
[37] Vgl. Franceschini A. Che cosa sono le BR S. 59, 60
[38] Vgl. Curcio,R. A viso aperto S. 5. "Brigata rossa" ist die Singularform von Brigate rosse. Erst ab dem März 1971 stieg man auf die Pluralform um.
[39] Übers. „Nationale Befreiungsbewegung – Tupamaros", auch nur „Tupamaros" genannt
[40] Vgl. Franceschini, A. Che cosa sono le BR S. 78

nicht wirklich ein politisches Ziel angepeilt.[41] Es ging der neugeborenen Organisation primär darum, durch kleine Anschläge[42] (z.B. die Verbrennung von Autos) oder die Verteilung von Flugblättern und sogenannte „Comunicati" (schriftliche Verkündungen), die Aufmerksamkeit von Presse und Öffentlichkeit zu erlangen.[43] Bald reichten aber diese Aktionen nicht mehr. Die Zeit war gekommen, einen weiteren Schritt zu wagen. Am 3. März 1972 erfolgte dann die erste Personenentführung: der Sit-Siemens-Ingenieur Idalgo Macchiarini wurden vor dem Firmengebäude gekidnappt. Wenige Stunden später wurde er zwar wieder freigelassen, nachdem er mit zwei Pistolen an dem Kopf fotografiert wurde und einige Betriebsgeheimnisse verraten musste[44], allerdings war für die Terroristen ab dem Zeitpunkt eine wichtige Grenze überschritten worden. Der bewaffnete Kampf der Brigaden war offiziell eröffnet. Die ersten Jahren verliefen aber dennoch relativ harmlos und unblutig: Fabriken wurden besetzt, Streiks organisiert und Personen wurden entführt und in den sogenannten „prigioni del popolo", die „Volksgefängnisse", festgehalten, aber dann gegen Bezahlung wieder freigelassen.[45] Die Aktionen, die die Gruppe bis dahin unternahm, hatten inzwischen ein bestimmtes Ziel anvisiert: Die Verbesserung der Arbeitsverhältnisse und die Durchsetzung der Interessen der einfachen Fabrikarbeiter. Doch mit der Zeit merkten die „capi storici"[46], Curcio, Franceschini und Cagol, dass man mit Flugblättern und Entführungen von Industriellen im Norden Italiens[47] nicht wirklich eine Veränderung der Machtverhältnisse herbeiführen konnte. Die wichtigen Entscheidungen wurden woanders getroffen: Das Zentrum der Macht, gegen das die Gruppe ankämpfen wollte, saß in Rom. Es war der Staat und seine christdemokratische Regierung, die seit circa 30 Jahren die Macht im Nachkriegsitalien inne hatte.[48] Der erste Staatsvertreter, auf dem sich die Brigaden konzentrierten, war der Staatsanwalt Sossi. Wie Renato Curcio selbst sagte, „war Sossi nicht irgendein Magistrat: Er war Christdemokrat und hatte [in den linken Kreisen] einen sehr schlechten Ruf"[49]. Sossi wurde am 18. April 1974 entführt. Für seine Freilassung verlangten die roten Brigaden die Aushändigung von acht inhaftierten „Genossen", die sich nach Erlangung der Freiheit auf Cuba abgesetzt hätten. Doch nachdem die Gespräche zum Austausch der Gefangenen in den Sand verlaufen waren und die Brigaden vermuteten, dass die Polizei das „Volksgefängnis" in

---

[41] Vgl. Curcio,R. A viso aperto S. 7-12
[42] Vgl. Curcio,R. A viso aperto S. 9
[43] Vgl. Kellman, K. Der Staat lässt morden S. 22
[44] Vgl. Curcio,R. A viso aperto S. 70 - 73
[45] Vgl. Kellman, K. Der Staat lässt morden S. 22
[46] Übers.: die historischen Führer, die Gründer der Brigate rosse
[47] Die Brigate rosse hatten bis dahin nur in Mailand und Turin agiert
[48] Vgl. Curcio,R. A viso aperto S. 84
[49] Vgl. Curcio,R. A viso aperto S.89

dem Sossi gehalten wurde, entdeckt hatte, ließen sie den Magistrat ohne Gegenpartie am 23. Mai 1974 frei.[50] Der Fall Sossi hatte zum Teil, sowohl bei der Organisation und Durchführung der Entführung durch die roten Brigaden wie auch im Verhalten der Regierung gegenüber der Situation, ähnliche Züge mit dem Verlauf des Falles Moro.[51] Nach der Freilassung von Sossi entschied die Regierung, entschlossener gegen die roten Brigaden vorzugehen als bisher getan wurde: der Carabinieri-General Carlo Alberto Dalla Chiesa[52], der sich bereits im Antimafiakampf mit sehr guten Ergebnissen ausgezeichnet hatte, erhielt die Befugnis, landesweit gegen die Brigate rosse vorzugehen. Er rief den *Nucleo Speciale Antiterrorismo*[53] ins Leben, von dem die ganzen Operationen organisiert und geleitet wurden. Dalla Chiesa agierte mit derselben Methode, mit der er im Mafiakampf agierte, und zwar mit der Einsetzung von Spitzeln und Undercover-Agenten in den Reihen der roten Brigaden. Auch in diesem Fall brachten diese Maßnahmen den erhofften Erfolg: am 8. September 1974 gelang den Carabinieri in Pinerolo die Festnahme von zwei der capi storici der Brigate rosse, Renato Curcio und Alberto Franceschini. Zwischenzeitlich schaffte es Curcio, im Februar 1975 aus dem Gefängnis zu fliehen, doch bereits im Januar 1976 wurde er erneut gefangen und inhaftiert. Seine Frau Mara Cagol wurde bei einem Schusswechsel mit den Carabinieri im Juni 1975 erschossen.[54] Somit war die erste Generation der Terrorgruppe besiegt worden. Doch diese schweren Verluste verursachten nicht die Auflösung der Brigaden, sondern boten einem neuen Anführer die Möglichkeit, sich in der internen Hierarchie an erster Stelle zu setzen. Mario Moretti[55], der zwar nicht zu den Gründern der Brigate gehörte, aber seit 1971 Mitglied war und den Anführern Curcio, Franceschini und Cagol sehr nahe stand, übernahm die Führung in der Organisation. Sein Stil und seine Interpretation von Linksterrorismus waren definitiv anders als die der *capi storici*. Er baute eine bisher nie da gewesene Struktur auf, mit stark ausgeprägten hierarchischen und militärisch-ähnlichen Zügen[56], nach dem Beispiel des kommunistischen Zellenprizips[57]. Die *colonna romana*, die römische Kolonne, die von Moretti angeführt wurde, wurde die tragende Säule aller sieben Kolonnen des Landes und damit war Moretti inoffiziell der Befehlshaber über etliche Tausende *brigatisti*.[58] Mit dieser

---

[50] Vgl. Franceschini, A. S. 142

[51] Vgl. Franceschini, A. S. 132

[52] General der italienischen Carabinieri, geb. in Saluzzo (Piemont) am 27. September 1920, fiel mit seiner Frau Emanuela Setti Carraro am 3. September 1982 in Palermo (Sizilien) einem Mafiaattentat zum Opfer

[53] Der „Nucleo Speciale Antiterrorismo", der antiterroristische Sondereinsatzkommando der Carabinieri, wurde im Mai 1974 gegründet und hatte seinen Hauptsitz in Turin

[54] Vgl. Kellmann, K. Der Staat lässt morden S. 23

[55] Mario Moretti wurde am 16. Januar 1946 in Porto San Giorgio geboren

[56] Vgl. Kellmann, K. Der Staat lässt morden S. 26

[57] Vgl. Berg-Schlosser, D. u. Stammen, T. Einführung in die Politikwissenschaften S. 244

[58] Vgl. Kellmann, K. Der Staat lässt morden S. 26

Neuorganisierung der Brigaden beginnt der Höhepunkt der linksextremistischen Aktivitäten während der *anni di piombo*[59]. Carabinieri, Polizisten, sowie Politiker, Anwälte und Richter werden immer häufiger Opfer von Anschlägen jeglicher Art: von Ausraubungen und Schüssen in die Beine bis zu Entführungen und Hinrichtungen bieten diese Jahre alle möglichen blutigen Szenarien. Jener Mario Moretti und seine römische Kolonne waren es, die die Entführung von Aldo Moro planten und durchführten.[60]

4. Die Entführung

4.1. Der Hinterhalt

Am Morgen des 16. März 1978 ging Aldo Moro kurz vor 9 aus seinem Haus in Via Forte Trionfale, wo die Männer seiner Leibwache, die Carabinieri Oreste Leonardi und Domenico Ricci sowie die Polizisten Raffaele Jozzino, Giulio Rivera und Francesco Zizzi auf ihn warteten. Der Politiker stieg in seinem Dienstfahrzeug, einen Fiat 130, hinten ein, begleitet vom Chef des Personenschutzes, Leonardi[61], der seit 15 Jahren Moros Leibwächter war. Das Auto wurde von Domenico Ricci gefahren[62], auch er ein erfahrener Mann, bereits seit 20 Jahren Moros Fahrer[63]. Der Fiat wurde von einem Alfa Romeo Alfetta gefolgt, in dem die anderen drei Mitglieder der Leibwache Platz nahmen[64]. Auf dem Fahrplan stand als erstes Ziel die Kirche *Santa Chiara*, danach hätte es weitergehen müssen Richtung *Palazzo Montecitorio*, Sitz der Abgeordnetenkammer und des italienischen Parlaments. Die Autos bogen planmäßig in die Via Fani ab. Eine Frau hob einen Blumenstrauß in die Luft. Die Autos näherten sich der Kreuzung mit der Via Stresa. Domenico Ricci reduzierte die Geschwindigkeit, weil ein davor auf der rechten Straßenseite geparkter weißer Fiat 128 mit Diplomatenkennzeichen[65], sich vor Moros Autos eingeordnet, und in Bewegung gesetzt hatte. Kurz vor der Kreuzung bremste dann das Diplomatenfahrzeug plötzlich. Domenico Ricci, der vom eigenartigen Manöver anscheinend überrascht war, musste mit voller Wucht bremsen und versuchte dem Fiat auszuweichen, erwischte das Auto aber trotzdem leicht am rechten hinteren Kotflügel. Giulio Rivera kam hinter ihm auch nicht mehr rechtzeitig zum stehen, was ein Aufprallunfall zwischen den zwei Dienstautos verursachte. Was am Anfang für die Eskorte

---

[59] Anni di piombo, die "bleiernen Jahre": Damit versteht sich das Zeitfenster zwischen dem Ende der 1960er bis Anfang der 1980er Jahre, wo Anschläge rechts- und linksextremistischer Terroristen in Italien zum Alltag gehörten.
[60] Vgl. Franceschini, A. Che cosa sono le BR S. 133
[61] Vgl. Agasso, R. Il piombo e il silenzio S. 96
[62] Vgl. Imposimato, F. Doveva morire S. 56
[63] Vgl. Agass,o R. Il piombo e il silenzio S. 117
[64] Vgl. Imposimato, F. Doveva morire S. 56
[65] Während den Ermittlungen stellte sich dann heraus, dass die roten Brigaden den Fiat 128 von der Venezuelanischen Botschaft in Rom geklaut hatten.

Moros wie ein leichter Blechschaden ausgesehen haben muss, entpuppte sich schnell als das, was es wirklich war: ein minuziös geplanter Anschlag. Hinter den Autos von Moro und seiner Leibwache stellte sich ein zweiter, blauer Fiat 128 quer auf die Straße um einen eventuellen Fluchtweg zu sperren. Aus dem Auto stiegen zwei Männer aus. Von der von der Fahrtrichtung Moros gesehenen linken Straßenseite traten vier weitere mit Alitalia-Uniformen[66] verkleideten *brigatisti*, die sich bis dahin hinter den Topfpflanzen des Olivetti-Cafès versteckten, hervor.[67] Aus dem „Diplomatenfahrzeug" stieg ein Mann aus, der wie sich herausstellen sollte, Mario Moretti war, der Anführer.[68] Nach einigen Zeugenaussagen war außerdem ein dunkles Motorrad der Marke Honda mit zwei weiteren Männern in der Via Fani.[69] Der Fiat 130, in dem Moro saß, und der Alfa Romeo wurden von den mit Maschinengewehren bewaffneten Terroristen unter Beschuss genommen. Ricci und Leonardi wurden sofort von einem Kugelhagel erwischt und klappten auf die Autositze in sich zusammen. Rivera versuchte wohl noch mit dem Funktelefon Hilfe anzufordern, schaffte es aber nicht mehr und starb mit dem Gerät in der Hand. Zizzi wurde von zehn Kugeln erwischt, überlebte zwar als einziger erstmal, starb aber wenige Stunden später im Krankenhaus *Policlinico Gemelli*. Der Einzige, der es schaffte, aus dem Alfa Romeo auszusteigen und dem Feuer mit seiner Dienstwaffe zu erwidern war der 25-jährige Raffaele Jozzino. Aber auch sein Einsatz brachte nicht viel: der junge Polizist wurde vom Kreuzfeuer der *brigatisti* getötet.[70] Aldo Moro wurde im Gegensatz nicht verletzt. Er wurde noch während dem Schusswechsel aus dem Auto gezerrt und als die Schießerei zu Ende war, in einen weißen Fiat 132 gezerrt und abtransportiert.[71] Um 9:15 Uhr war alles vorbei. Die Fahrzeuge der *brigatisti* verschwanden in verschiedenen Richtungen. Bei der Polizei und mehreren Nachrichtendiensten gingen zwischen dem Zeitpunkt des Anschlages und 11 Uhr insgesamt sechs anonyme Anrufe ein, die die Nachricht von der Entführung überbrachten[72], und während die ganzen Einsatzautos der Ordnungshüter zum Tatort befördert wurden, wurde der Abgeordnete Moro in einem Transporter, der mit einer Sirene ausgestattet war, verfrachtet.[73] Der Transporter wurde das letzte Mal in der Via Aurelia gesehen. Die Flucht des Kommandos wurde durch einen bis heute ungeklärten

---

[66] Alitalia: italienische nationale Fluggesellschaft
[67] Vgl. Kellmann, K. Der Staat lässt morden S. 87-88
[68] Vgl. Imposimato, F. Doveva morire S. 56
[69] Vgl. Imposimato, F. Doveva morire S. 57
[70] Vgl. Atlante de La Repubblica, I giorni di Moro S. 24
[71] Vgl. Kellmann, K. Der Staat lässt morden S. 90
[72] Am Tag der Entführung wurden mehrere Anrufe von den *brigatisti* getätigt, um den Anchlag der via Fani zu melden. Im Anruf an die Turiner Stelle der Nachrichtenagentur „Ansa" verlangte der anrufende anonyme *brigatista* die Freilassung von 15 inhaftierten Mitglieder der Gruppe, denen zu dem Zeitpunkt in Turin der Prozess gemacht wurde (s. hierzu: Vgl. Atlante de La Repubblica, I giorni di Moro, S. 16)
[73] Vgl. Kellmann, K. Der Staat lässt morden S. 96-97

Zusammensturz der Telefonleitungen im Gebiet um die Via Fani erleichtert, wodurch natürlich die ganzen Koordinierung der Einsatzkräfte erheblich erschwert wurde.[74] Die drei Autos die am Tatort gesichtet wurden, wurden nach Aussagen der *brigatisti* in die Via Licinio Calvo liegen gelassen. Seltsamerweise wurde der Fiat 132, mit dem Moro vom Tatort weggebracht wurde, bereits am 16. März um 9:40 von der Polizei gefunden, während die zwei Fiat 128er erst einige Tage später in derselben Straße entdeckt wurden, was mit den späteren Aussagen der Täter nicht übereinstimmt.[75] Diese Unstimmigkeit ist bis heute nicht endgültig aufgeklärt worden. Der dunkle Honda verschwand spurlos, obwohl wenige Augenblicke nach dem Eintreffen der Einsatzkräfte in der Via Fani von der Zentralstelle der römischen Polizei der Befehl ausging, nach zwei Männern auf einem dunklen Motorrad zu suchen.[76] Ab dem Zeitpunkt war Aldo Moro „politischer Gefangener" der Roten Brigaden.

4.2. Das tödliche Kommando

Vor der Weiterschilderung der Ereignisse in dieser Arbeit ist es notwendig, den Mitgliedern des Kommandos der *Brigate rosse* in der Via Fani einen Namen zu geben und ihre Aufgabe soweit wie möglich zu klären. Diese Rekonstruktion ist vor allem durch die Aussagen der am Anschlag teilnehmenden Terroristen möglich, auch wenn trotzdem, wie sich zeigen wird, Unstimmigkeiten zwischen den Schilderungen und den Befunden vom Tatort herrschen. In über dreißig Jahren wurden von den *brigatisti* mehrere Aussagen gemacht. Stand der gesammelten Informationen ist heute folgender: Das Kommando der Via Fani bestand aus 11 *brigatisti* mit unterschiedlichen Aufgaben. Als erster ist ein Motorradfahrer zu nennen, der um 8:57 Uhr, als die *brigatisti* bereits ihre Posten eingenommen hatten und Moro seit wenigen Minuten sein Haus verlassen hatte und losgefahren war, mit Vollgas Richtung Via Fani fuhr und mit einem Handzeichen dem Kommando signalisierte, dass Moro unterwegs war. Die Identität des Fahrers, ob er wirklich alleine auf dem Motorrad war und ob er sonstige Aufgaben gehabt hat, haben die ehemaligen *brigatisti* bis heute nicht bekannt gemacht.[77] Die Frau mit den Blumen war Rita Algranati, die ihren Genossen ein Zeichen gab, als Moros Autos in die Straße einbogen. Hinter den Topfpflanzen des Cafès Olivetti hatten Valerio Morucci, Raffaele Fiore, Prospero Gallinari und Franco Bonisoli mit Alitalia-Uniformen und Maschinengewehren Platz genommen. Sie hatten die Aufgabe, die Leibwache Moros auszuschalten. Angeblich

---

[74] Vgl. Accame, F. Moro si poteva salvare S. 15-16
[75] Vgl. Moro, A.C. S. 45 ff.
[76] Vgl. Imposimato, F. Doveva morire S. 57
[77] Vgl. Imposimato, F. Doveva morire S. 59

war kein anderer mit der Beseitigung der Polizisten und Carabinieri beauftragt. Auf der rechten Straßenseite der Via Fani parkten zwei Autos der *brigatisti*: ein erster weißer Fiat 128 mit Diplomatenkennzeichen in dem Mario Moretti wartete und den geplanten Unfall vor der Kreuzung verursachen sollte. Einige Meter vor ihm stand ein blauer 128er, in dem Alvaro Lojacono und Alessio Casimirri saßen. Sie sperrten die Straße hinter Moro ab. An der Ecke zwischen Via Fani und Via Stresa wartete der Fiat 132, in dem Moro weggebracht wurde. Der Fahrer des Autos war Bruno Seghetti. Nach der Kreuzung mit der Via Stresa, der Via Fani in nördliche Richtung folgend, wartete noch eine vierte *brigatista*, Barbara Balzerani, in einem blauen Fiat 128. Sie musste die Kreuzung aus nördlicher Richtung sperren.[78]

Die Funde der Polizei, die Ermittlungen und die Zeugenaussagen erzählen aber eine etwas andere Geschichte. An diesen Morgen wurden in der Via Fani 93 Patronen gesichert. 93 Schüsse wurden abgefeuert. Zwei dieser Schüsse stammten von der Dienstwaffe von Raffaele Jozzino, die anderen 91 wurden von den *brigatisti* abgefeuert, aufgeteilt auf sechs Waffen, vier Maschinengewehre[79] und zwei Pistolen[80]. Von diesen sechs Waffen feuerte ein Maschinengewehr Fna 43 49 Schüsse in 20 Sekunden ab. Diese Waffe tötete erst Ricci und Leonardi (ohne Aldo Moro auch nur im Entferntesten zu gefährden) und richtete sich dann auf das zweite Auto der Eskorte. Das spricht für einen militärisch sehr gut ausgebildeten Schützen, was ja die vier *brigatisti* in den Alitalia-Uniformen nicht waren. Das Bild, das man vor Augen hat ist sehr verwunderlich: vier mit Waffen unerfahrene Männer schaffen es in wenigen Augenblicken, eine fünfköpfige gut trainierte Leibwache ohne eigene Verluste zu beseitigen? Außerdem sagten die Terroristen aus, dass sie Probleme mit ihren Maschinengewehre gehabt haben und kaum schießen konnten, was dann einige dazu verleitete, mit den Pistolen zu schießen. Gallinari konnte ein halbes Magazin seiner Waffe abfeuern bevor diese klemmte, Morucci und Bonisoli nur wenige Schüsse und Fiore sagte aus, sein Maschinengewehr hätte gleich geklemmt und er musste somit sofort auf seine Pistole umsteigen. Die Frage ist nun, wer die 49 perfekt platzierten Schüsse abfeuerte. Wer trug das vierte Maschinengewehr, das in der Via Fani den meisten Schaden anrichtete? Und wenn noch jemand an Ort und Stelle gewesen ist, gehörte er zum Kommando der Brigate rosse oder hatte auch jemand anders seine Finger im Spiel?[81] Ein

---

[78] Vgl. Atlante de La Repubblica, I giorni di Moro, S. 14-15
[79] Die Maschinengewehre waren: eine Fna 43 (feuerte 49 Schüsse ab), eine Beretta M12 (drei Schüsse) und zwei Maschinenpistolen Kaliber 9 parabellum (22 Schüsse die Erste und 5 die Zweite)
[80] Die Pistolen waren eine halbautomatische Smith and Wesson Mod. 32-9 Kaliber 9 parabellum (acht Schüsse) und eine Beretta Mod. 52 Kaliber 7,65 parabellum (vier Schüsse)
[81] Vgl. Imposimato, F. Doveva morire S. 58 - 61

Ingenieur, Alessandro Marini, fuhr mit seinem Roller in die Via Fani ein, als der Schusswechsel in vollem Gange war. Er wurde von zwei Männern auf einem dunklen Motorrad der Marke Honda aufgefordert, sich sofort von dort zu entfernen. Noch bevor er reagieren konnte, schoss der Mann auf dem Rücksitz des Motorrads auf ihn und traf mehrmals den Roller. Marinis Glück war es, dass das MG des Mannes klemmte. Er ließ das Magazin auf den Boden fallen und lud die Waffe neu auf.[82] Marini flüchtete und kam deswegen nur mit dem Schrecken davon.

Ein weiterer Zeuge, Luca Meschini, versicherte, dass er zwei Männer auf einem Honda vor dem Cafè Olivetti gesehen hatte. Die dritte Zeugenaussage kam von einem Polizisten, Giovanni Intrevado, an dem in der Via Fani, kurz nach dem Ende der Schießerei, ein Honda mit zwei Passagieren vorbeiraste.[83] Zu dem Anschlag gibt es außerdem eine kuriose, aber sehr wichtige Anekdote. An diesem Morgen befand sich Oberst Camillo Guglielmi, Leiter des Büros für innere Sicherheit des SISMI, in der Via Fani und wurde Augenzeuge des Angriffes, hielt es aber nicht für notwendig, einzugreifen oder Einsatzkräfte zu rufen. Jahre später wurde er dann von der Terrorismuskommission über diese zufällige Anwesenheit befragt. Dazu sagte er, dass er auf dem Weg zu einem Kollegen, Armando D' Ambrosio, war, mit dem er sich zum Mittagessen verabredet hatte. Abgesehen davon, dass die Zeit des Anschlages, 9 Uhr morgens, sicher keine übliche zum Mittagessen war, bestätigte zwar D'Ambrosio das Treffen, aber er sagte auch, dass er an dem Tag nicht mit Gulglielmi verabredet war, sondern dass es sich um einen angeblich spontanen Besuch handelte.[84] Diese ganzen Beweise und Aussagen widersprechen der Schilderung der *brigatisti*, da seien nur vier aktive Schützen in der Via Fani gewesen. Über diesen fünften hypothetischen Killer und seinen Fahrer, sowie die Einmischung von in- und ausländischen Geheimdiensten oder Mitglieder der RAF wurde viel spekuliert[85], aber konkret wurden die Fragen über die genaue Zahl der Mitglieder des tödlichen Kommandos nie beantwortet.

---

[82] Das fallen gelassene Magazin wurde später von den Ermittlern gefunden und die Einschusslöcher an Marinis Roller analysiert, womit seine Aussage bestätigt wurde.
[83] Vgl. Imposimato, F. Doveva morire S. 67
[84] Vgl. Galli, G. Staatsgeschäfte. Affären. Skandale. Verschwörungen S. 121
[85] Vgl. Di Giovacchino, R. Il libro nero della Prima Repubblica S. 43

5. Die Gefangenschaft und die Ermittlungen

Um 11 Uhr des 16. März erreichte die Nachricht der Entführung das Parlament. Nach einem ersten Moment des Staunens rief Ministerpräsident Andreotti die Minister der Regierung zu einer Krisensitzung zusammen. Es wurde sofort beschlossen, dass der Staat und die Polizei- und Militärkräfte der Situation entsprechend agieren müssten. Wie im Nachhinein von Innenminister Cossiga erklärt werden wird, war als entsprechende Reaktion die sogenannte *linea di fermezza*, die „harte Linie", für die *ragione di Stato*, die Sicherheit und Selbstbehauptung des Staates, vorgesehen. In anderen Worten war das nichts anderes als eine kategorische Ablehnung von Verhandlungen mit den Terroristen, geschweige denn eine auch nur annähernde Form politischer Anerkennung der roten Brigaden.[86] Die Presse und die die wichtigsten Vertreter aller Parteien unterstützten sofort die Einstellung der Regierung und der *Democrazia Cristiana*.[87] Noch am selben Tag rief Cossiga drei Kommissionen ins Leben, die die ganze Fahndung organisieren und leiten sollten. Zum einen das *Comitato tecnico-politico operativo*[88], das die Arbeit von Polizei und Carabinieri koordinierte. Die zweite Kommission war das *Comitato I*[89], das die Arbeit von den Geheimdiensten und vom Militär regelte, und als letztes wurde das *Comitato di esperti comportamentalisti*[90], eine Gruppe von Wissenschaftlern und Experten des Militärs, die zur Analyse und Beratung hinzugezogen wurden. Das Gesamtkonzept wurde *Comitato di crisi*, Krisenkomitee, genannt.[91] Neben dem *Comitato di crisi* wurden die Ermittlungen von der Zentralleitstelle der Polizei, die UCIGOS[92] geführt. Die UCIGOS wurde von Cossiga am 31. Januar 1978, wenige Wochen vor Moros Entführung, gebildet. Da sich die Stelle um den kompletten Bereich der inneren Sicherheit Italiens kümmerte, hatte sie sehr viel Macht und Kompetenzen, unterstand aber nur dem Innenministerium. De facto bedeutete diese Konstellation, dass obwohl der römische Staatsanwalt De Matteo offiziell die Leitung der Ermittlungen übernommen hatte, Innenminister Cossiga derjenige war, der über die UCIGOS und den *Comitato di crisi* verfügen konnte, wie er es für geeignet hielt.[93]

---

[86] Vgl. Imposimato, F. Doveva morire S. 69
[87] Vgl. Atlante de La Repubblica, I giorni di Moro, S. 13
[88] Technisch-politische Einsatzkommission
[89] I wie "intelligence"
[90] Kommite von Verhaltensexperten
[91] Vgl. Imposimato, F. Doveva morire S. 70
[92] UCIGOS: Ufficio centrale per le investigazioni generali e per le operazioni speciali
[93] Vgl. Imposimato, F. Doveva morire S. 20-21

5.1. Aldo Moro als „politischer Gefangener" der *Brigate rosse*

Bis zur ersten schriftlichen, als offiziell anerkannten Stellungnahme der *Brigate rosse* musste das Land zwei Tage warten. Am Morgen des 18. März ging ein anonymer Anruf in der Redaktion von der Tageszeitung „*Il Messaggero*" ein. Der Anrufer teilte mit, dass ein erstes *Comunicato* der roten Brigaden in der Unterführung zwischen largo Argentina und via Arenula zu finden sei. Die *comunicati* waren immer die wichtigste und meist genutzte Art der *Brigate rosse* um mit der Öffentlichkeit zu kommunizieren. So war es auch im Fall Moro. In den 55 Tagen der Gefangenschaft Moros wurden insgesamt neun *comunicati* veröffentlicht. Die „Veröffentlichung" erfolgte meistens durch die Erstellung mehrerer Kopien der Nachrichten, die dann an unterschiedlichen Orten in einigen italienischen Großstädten platziert wurden. Anonyme Anrufer teilten dann meistens an Redaktionen von Tageszeitungen oder Radiosender, wo man die *comunicati* finden würde. Auf diese Weise konnten sich die *brigatisti* sicher sein, dass die *comunicati* die Öffentlichkeit erreichen würden und nicht von den Ermittlern abgefangen wurden. Im ersten verkündeten die roten Brigaden zum ersten Mal schriftlich, dass sie Aldo Moro entführt hatten. Dieses Schreiben enthielt reichlich Anschuldigungen jeder Art gegen den Staat und die *Democrazia Cristiana* und erklärte die Gründe für die Entführung und die Schuld, die Moro traf, allerdings beinhaltete es keine einzige Forderung für seine Freilassung.[94]

Zusätzlich hieß es, Aldo Moro sei ein politischer Gefangener und müsse sich einem „Prozess" vor dem „Volksgericht" verantworten.[95] Dieser Prozess sollte zu einem Klassenkampf im Namen des Kommunismus und einen Anschlag auf den imperialistischen Staat darstellen.[96] Mit dem ersten Kommuniqué wurde auch ein Foto von Moro mitgeschickt, das beweisen sollte, dass der Politiker noch lebte.[97]

In der Zwischenzeit ging die Suche nach dem Versteck der Terroristen weiter. Polizisten durchkämmten Rom Straße um Straße, Tür um Tür. Am 18. März, Tag der Veröffentlichung des 1. Kommuniqué, durchsuchte die Polizei unter anderem das Haus in der Via Gradoli 96. Der Befehl lautete: Alle Wohnungen durchsuchen, und wenn die Anwohner nicht zu Hause sein sollten oder sich geweigert hätten, den Beamten den Zutritt zu gewähren, dann hatten die Polizisten die ausdrückliche Anweisung, die Wohnungen aufzubrechen.

---

[94] NB: Im Anruf an die Nachrichtenagentur „Ansa" in Turin am Tag der Entführung verlangten allerdings die Terroristen bereits die Freilassung von 15 „Genossen" (s. hierzu Fußnote Nr. 72). Dass aber diese Forderung übertrieben und nicht realisierbar war, musste den *brigatisti* klar sein.
[95] Vgl. Kellmann, K. Der Staat lässt morden S. 111.
[96] Vgl. Atlante de La Repubblica, I giorni di Moro, S. 31
[97] Vgl. Atlante de La Repubblica, I giorni di Moro, S. 17

In der Via Gradoli 96 trafen an diesen Morgen fünf Polizisten ein. Sie durchsuchten alle Wohnungen und kamen letztendlich zum Apartment 11. Hier klingelten die Beamten, aber keiner öffnete die Tür. Anstatt wie vorgesehen, die Tür aufzubrechen, verließen sich die Polizisten auf die Aussagen der Nachbarn, die die Bewohner dieser Wohnung, ein Ingenieur Namens Mario Borghi und seine Frau, als freundliche und ruhige Leute beschrieben, und verließen wieder das Haus. Diese Wohnung sollte allerdings bereits kurze Zeit später wieder im Rahmen der Ermittlungen erscheinen und die Nachlässigkeit der Beamten an diesem Tag würde sich im Nachhinein als großer Fehler herausstellen.[98]

5.2.   Die ersten Briefe aus dem Volksgefängnis

Erst am 29. März, fast zwei Wochen nach dem Anschlag der Via Fani, kam das erste Lebenszeichen von Moro selbst. Mit dem *comunicato no. 3*[99] wurden drei Briefe, von Moro eigenhändig angefertigt, gefunden. Ein Brief war an Ehefrau Eleonora adressiert, in dem er versicherte, dass er gut versorgt sei und ihm nichts fehlen würde.[100] Der zweite Brief war an den engen Mitarbeiter Nicola Rana gerichtet, der als Vertreter des Gefangenen bevollmächtigt wurde, auf die „Parteifreunde" und ihre Handlungen zu achten, um schlimmere Entwicklungen, die unangenehme Folgen mit sich gebracht hätten, zu verhindern.[101] Als dritter wurde Innenminister Cossiga angeschrieben. Moro bat ihm, nachdem er miterleben durfte, wie sich die Regierung bei der Entführung von Staatsanwalt Sossi verhalten hatte, und Angst um ein ähnliches Vorgehen auch in seinem Fall haben musste, nicht nur bedingungslos die *linea di fermezza* zu verfolgen, sondern sich um einen positiven Ausgang der ungünstigen Situation zu bemühen. Moro versicherte, dass er in vollem Besitz seiner mentalen und körperlichen Kräfte schreiben würde, nutzte aber seine Lage dahingehend aus, dass er deutlich klarstellte, dass er eventuell härteren Befragungen standhalten müsse und im Rahmen dieser Informationen preisgeben könnte, die nicht im Interesse der Partei und der Regierung seien. Daher wäre es falsch, auf eine reine Kompromisslosigkeit zu beharren; vielleicht wäre eine Intervention des Heiligen Stuhls[102] eventuell von Vorteil, um eine Lösung zu finden.[103] Bereits nach diesem ersten Brief schrieb die Mailänder Tageszeitung „*La Repubblica*", dass die Ausdrucksweise mancher

---

[98] Vgl. Kellmann, K. Der Staat lässt morden S. 115
[99] Das 2. Kommuniquè wurde am 25 März von den roten Brigaden, wie üblich, an mehreren italienischen Redaktionen von Tageszeitungen und Radiosendern verteilt. Auch in diesem Fall wurden primär Vorwürfe gegen den imperialistischen Staat formuliert.
[100] Vgl. Moro, A. Lettere dalla prigionia S. 5
[101] Vgl. Moro, A. Lettere dalla prigionia S. 6
[102] Papst Paul VI und Aldo Moro kannten sich seit Moros Zeit im FUCI persönlich. Der Heilige Vater war seitdem ein Freund der Familie. Möglicherweise hat sich Moro deswegen Hilfe erhofft
[103] Vgl. Moro, A. Lettere dalla prigionia S. 7-8

Passagen des Briefes für eine von den *brigatisti* erzwungenen Inhaltsformulierung sprachen.[104] Diese Meinung sollte sich im Laufe der Gefangenschaft Moros, aus der er mehrere Briefe an seine Familie und Kollegen geschrieben hat, noch weiter verbreiten und stärken.

5.3. Via Gradoli 96, der Duchessa-See und das gefälschte Kommuniqué

Der zweite Zwischenfall, der in die Via Gradoli hätte führen können, ereignete sich genau zwei Wochen nach der verpassten Durchsuchung der Wohnung des Ingenieurs Borghi. In Zappolino, ein kleiner Ort in der Nähe von Bologna, versammelten sich einige Akademiker und ihre Familien im Ferienhaus des Professors Alberto Clò. Am Abend des 2. April saßen zwölf der Teilnehmer dieser Freundesgruppe um einen kleinen Tisch. Ziel dieser kuriosen Versammlung war es, innnerhalb einer spiritistischen Séance, die Geister von Giorgio La Pira und Don Sturzo[105] nach dem Aufenthaltsort von Moro zu befragen.[106] Hierfür wurde ein Hexenbrett[107] als Hilfsmittel benutzt um mit den Geistern in Kontakt zu treten. Als Antwort auf die Frage „Wo wird Moro gefangen gehalten?" bildeten sich die Wörter „Gradoli", „Via Cassia" und „Viterbo" und die Nummern „6" und „11". Der Grund, aus dem diese Sitzung überhaupt bekannt wurde, und deren Hinweise sogar von den Ermittlern ernsthaft untersucht wurden war, dass einer der Teilnehmer kein minderer war als Romano Prodi, der ein halbes Jahr später Industrieminister innerhalb der vierten Regierung Andreottis geworden wäre.[108] Und genau jener Prodi informierte zwei Tage später, am 4. April, Umberto Cavina, Sekretär vom Abgeordneten Benigno Zaccagnini, der wiederum das Innenministerium benachrichtigte. Die Polizei durchkämmte daraufhin am 6. April im Rahmen einer großen Durchsuchungsaktion ein kleines Dorf namens Gradoli, bei Viterbo. Die Suche nach Aldo Moro in Gradoli blieb erfolglos. Keinem fiel aber die keine drei Wochen alte verpasste Durchsuchung des Apartment 11 des Hauses in der Via Gradoli 96 in Rom wieder ein, nicht einmal der zentralen Polizeidienststelle Roms, die immerhin diese genehmigt hatte. Als die Ehefrau Moros, Eleonora, von dem Ergebnis der spiritistischen Sitzung erfuhr, kontaktierte sie persönlich Innenminister Cossiga und wies ihn darauf hin, dass es hierbei eventuell um doch um eine römische Straße handeln könnte. Der Minister antwortete ihr, dass im Straßenverzeichnis Roms keine Via Gradoli zu finden wäre, was

---

[104] Vgl. Atlante de La Repubblica, I giorni di Moro, S. 43
[105] Luigi Sturzo und Giorgio La Pira waren zwei wichtige Vertreter der Democrazia Cristiana in den 1940er und -50er Jahre
[106] Vgl. Imposimato, F. Doveva morire S. 249
[107] Auf ein Hexenbrett sind Zeichen abgebildet, meist das Alphabet, sowie die Ziffern und die Wörter "ja" und "nein"
[108] Vgl. Imposimato, F. Doveva morire S. 249

nicht der Wahrheit entsprach. [109] Dieser Zwischenfall, von Eleonora Moro beschrieben, wurde auch von ihrem Sohn Giovanni vor Gericht wiederholt und bestätigt. Nur Cossiga gab nie zu, diese Aussage jemals getätigt zu haben. [110]

In der Zwischenzeit waren in unregelmäßigen Abständen neue *Comunicati* der *Brigate rosse* bei den Zeitungen eingegangen. Bis zum 5. Kommuniqué waren keine größeren inhaltlichen Erneuerungen eingebracht worden. Weitere Angriffe auf den „faschistischen Staat" bildeten den Aussagekern der Nachrichten und dem Volk wurde von angeblichen Fortschritten im „Prozesses im Volksgefängnis" berichtet, ohne allerdings näher auf die Sache einzugehen. [111] Doch daran sollte sich sehr einiges bald ändern. Die erste große Neuigkeit kam im Rahmen des *Comunicato no. 6*, das am Abend des 15. April die Redaktion von *„La Repubblica"* erreichte. Hier teilten die Brigate rosse der Öffentlichkeit mit, dass der Prozess zu Ende sei und dass „Aldo Moro für schuldig befunden und deswegen zum Tode verurteilt worden sei". [112] Vier Wochen waren seit der Entführung vergangen und ein Wendepunkt schien erreicht zu sein. Weil aber der italienische Staat selbst jetzt weiter auf die *fermezza* beharrte, schaltete sich sogar Amnesty International für den gefangenen Aldo Moro ein und bot eine Vermittlung mit den *brigatisti* an. Das Angebot blieb allerdings unerhört. [113] Das Kommuniqué Nr. 7 ließ auch nicht lange auf sich warten. Am Vormittag des 18. April meldeten die *Brigate rosse,*dass sie den Todesurteil durch „Selbstmord" vollzogen hätten, und dass seine Leiche im Duchessa-See bei Cartore, an der Grenze zwischen Abruzzen und Latium versenkt worden sei. [114] Doch die Echtheit dieses Kommuniqués schien von Anfang an zweifelhaft zu sein, vor allem aus dem Grund, dass sich der angesprochene See auf 1800 m Höhe befindet und zu dem Zeitpunkt bereits seit Monaten zugefroren war. Außerdem wurden sofort nach Veröffentlichung des *Comunicato* Hubschrauber beauftragt, den See zu überfliegen, allerdings konnten auf der dicken Eisschicht keine aufgebrochenen Stellen entdeckt werden. Nachdem aber von Experten die Authentizität des Schreibens bestätigt hatten wurde der See durchsucht und die Eisschicht aufgebrochen, ohne dass Moros Leiche gefunden wurde. Das *Comunicato no. 7* der *Brigate rosse*, das mit großer Skepsis empfangen wurde, erwies sich damit als Fälschung. [115]

---

[109] Vgl. Imposimato, F. Doveva morire S. 250-251
[110] Vgl. Imposimato, F. Doveva morire S. 252
[111] Vgl. Kellmann, K. Der Staat läßt morden S. 118
[112] Vgl. Altlante de La Repubblica, I giorni di Moro S. 70
[113] Vgl. Altlante de La Repubblica, I giorni di Moro S. 72
[114] Vgl. Sciascia, L. L'affaire Moro S. 82-83
[115] Vgl. Imposimato, F. Doveva morire S. 129

Der 18. April sollte allerdings nicht nur wegen dem gefälschten Kommuniqué von Bedeutung sein. Die mehrmals angesprochene Wohnung des Ingenieurs Borghi in der Via Gradoli 96 spielte erneut eine wichtige Rolle in der Fahndung. Um 8:15, ungefähr eine Stunde vor dem anonymen Anruf an die Redaktion der Zeitung „Il Messaggero", der die Veröffentlichung des gefälschten *Comunicato no. 7* bekannt gab, rief eine Bewohnerin der Via Gradoli 96 beim Hausverwalter an und meldete einen Wasserschaden aus der Wohnung über ihr. Es handelte sich hierbei erneut um die Wohnung Borghis und seiner Frau. Nachdem die Feuerwehr angekommen war, und vom Balkon sich Zugang zur Wohnung verschafft hatte, fand sie eine komplett ausgeräumte Wohnung vor. Merkwürdigerweise war die Ursache des Wasserschadens nichts anderes als die Dusche, die angelassen worden war, wobei der Wasserstrahl gegen die Wand neben der Badewanne gerichtet war. Das Wasser war dann mit der Zeit durch eine undichte Stelle in die Wand bis zur unteren Wohnung durchgedrungen. Die Feuerwehrmänner konnten den Schaden beheben, indem sie einfach den Hahn zudrehten. Es war offensichtlich, dass jemand diesen Schaden gewollt verursacht hatte.[116] In der Wohnung fanden die Polizei Waffen, Unterlagen und Autokennzeichen die auf einem „Brigadistennest" zurückführen ließen. Wie sich herausstellte, war Ingenieur Borghi nur ein Deckname für Mario Moretti, Anführer der römischen Kolonne der *Brigate rosse* und Leiter des Kommandos der Via Fani, war. Bei der Frau des angeblichen Ingenieurs handelte es sich um Barbara Balzerani, die ebenso an der Entführung Moros teilgenommen hatte. Obwohl sich die Wohnung der Via Gradoli möglicherweise für die Fahndung als eine wahre Schatztruhe entpuppt hätte, wurden die ganzen Befunde gesammelt und sorgfältig in die Hände der forensischen Abteilung der römischen Polizei gegeben. Dort wurden aber keine genaueren kriminaltechnischen Untersuchungen unternommen und somit blieben wichtige Informationen die zum Aufenthaltsort Moros hätten führen können hinter verschlossenen Türen.[117]

Zwei Tage nach der Erscheinung des gefälschten siebten Kommuniqués und der Durchsuchung der Via Gradoli 96 erschien letztendlich das echte Comunicato no. 7, in dem die roten Brigaden den schwachen Versuch der „Experten der psychologischen Kriegsführung" der Regierung, sie durch die vorhin genannte Fälschung in die Irre zu führen, verurteilten. Die *brigatisti* schienen zu glauben, dass die Ermittlern mit allen Mitteln kämpften, um Moro zu finden, wobei eher Untätigkeit und Planlosigkeit, grade im

---

[116] Vgl. Imposimato, F. Doveva morire S. 126-127
[117] Vgl. Imposimato, F. Doveva morire S. 254-255

Innenministerium und sein *Comitato di crisi*, feststellbar waren.[118] Das wichtigste an diesem Schreiben war allerdings die Tatsache, dass die Terrorristen erstmalig nach der Entführung die Bereitschaft zeigten, in Verhandlungen einzutreten. Für die Freilassung Moros wurde die Befreiung kommunistischer Inhaftierten verlangt. Eine klare und endgültige Entscheidung der Regierung und der *Democrazia Cristiana* musste innerhalb von 48 Stunden ab 15 Uhr des 20. April erfolgen. Andernfalls würde das Todesurteil vollstreckt werden. Noch am selben Tag ging bei der Redaktion von „*La Repubblica*" ein neues Foto von Aldo Moro ein. In den Händen hielt der Politiker, der sich in keiner schlechten Verfassung zu befinden schien, eine Ausgabe der Zeitung vom 19. April als Beweis, dass die Suche nach seiner Leiche im Duchessa-See ein wahrer Fehlgriff gewesen war.[119]

5.4. In Italien wird die Todesstrafe wieder eingeführt

Am 21. April erhielt der Abgeordnete Zaccagnini ein Brief von Moro aus dem Volksgefängnis.[120] Hierin äußerte der Politiker, der mit großer Wahrscheinlichkeit das Geschehen außerhalb des Gefängnisses zum Teil mitbekam, die Meinung, dass eine stures Verfolgen der Staatsräson nicht nur seinen sicheren Tod herbeiführen würde, sondern auch einer Wiedereinführung der Todesstrafe in Italien gleich zu stellen wäre. Der Staatsmann konnte nicht akzeptieren, dass alle seine Freunde und Kollegen seinen Tod in Kauf nahmen, ohne konkrete Maßnahmen und Verhandlungen unternommen zu haben.[121]Nicht alle Zeitungen veröffentlichten diesen Brief. Die Presse ging ja schon länger davon aus, dass der Mann der aus dem Gefängnis schrieb, nicht mehr der „wahre" Aldo Moro, sondern ein psychisch und körperlich gebrochener Mensch war, der nichts anderes als das Sprachrohr der Terrorristen geworden war.[122] Ansicht, die von Ministerpräsident Andreotti und Innenminister Cossiga geteilt wurde, zumindest öffentlich.[123] Und auch wenn sich spätestens dann Mitleid mit Aldo Moro verbreitete, eine Veränderung an der Haltung der Democrazia Cristiana war nicht zu spüren. Und während die von den Terrorristen gegebenen 48 Stunden Überlegungszeit immer weniger wurden und die Polizei weiter im Dunkeln tappte, verlangte auch die verzweifelte Familie Moro öffentlich von der Partei,

---

[118] Vgl. Sciascia, L. L'affaire Moro S. 84
[119] Vgl. Sciascia, L. L'affaire Moro S. 85-87
[120] Hierbei handelte es sich bereits um den zweiten Brief Moros an Zaccagnini. Das erste Schreiben an den Abgeordneten wurde am 31 März von Moro verfasst und am 4. April von Zaccagnini erhalten beinhaltete Vorwürfe Moros, sich von seiner Partei allein gelassen zu fühlen (s. hierzu: Moro, A. Lettere dalla prigionia S. 14)
[121] Vgl. Moro, A. Lettere dalla prigionia S. 72-73
[122] Vgl. Viola, S. in: Atlante de La Repubblica, I giorni di Moro S. 48
[123] Vgl. Imposimato, F. Doveva morire S. 298

sich zumindest die konkreten Bedingungen der roten Brigaden für die Freilassung des Gefangenen anzuhören und zu prüfen. Doch die Partei beauftragte stattdessen eine kleine humanitäre Organisation, die sogenannte *Carità Internazionale*, die kaum jemand kannte, nach Möglichkeiten zu suchen, die zu Moros Befreiung führen konnten. Dass so eine kleine Organisation kaum Einfluss, Verhandlungsmöglichkeiten und Aussichten auf Erfolg tatsächlich hatte, war jedem klar. Wenige Stunden vor Ablauf des Ultimatums wurde dann vom internationalen Rundfunksender des Heiligen Stuhls, Radio Vatikan, ein Brief von Papst Paul VI ausgestrahlt, in dem der Heilige Vater die *brigatisti* anflehte, Aldo Moro einfach bedingungslos zu befreien. Der Brief wurde dann am Tag darauf von allen Tageszeitungen veröffentlicht. [124]

Trotz der versäumten Frist schienen aber die roten Brigaden bereit zu verhandeln. Am 24. April erhielt die Presse das *comunicato no. 8*. Darin waren dreizehn Terroristen aufgelistet, die im Austausch für Moro gefordert wurden, unter Anderen, die *capi storici* der roten Brigaden, Renato Curcio und Alberto Franceschini.[125] Die Regierung Panamas erklärte sich unmittelbar nach der Forderung bereit, im Falle eines erfolgreichen Austausches den freigelassenen Terroristen politisches Asyl zu gewähren.[126] Der Druck auf Ministerpräsident Andreotti wurde derweil immer größer und er verlor an Glaubwürdigkeit: Die Sozialisten, von Bettino Craxi angeführt, kehrten bereits nach dem *comunicato no. 7* der *Democrazia Cristiana* den Rücken und äußerten sich gegen die *linea di fermezza*, was wahrscheinlich vorerst Moros Leben gerettet hatte.[127] Und auch im Inneren der christdemokratischen Partei bröckelte das einst so einheitliche Einverständnis über die Nichtverhandlungstaktik der Regierung, vor allem beim einflussreichen Generalsekretär der Partei und Freund von Aldo Moro, Benigno Zaccagnini, der ja auch mehrmals persönlich vom Gefangenen angeschrieben[128] wurde, zuletzt genau an diesem 24. April.[129]

5.5.   Moro wird aufgegeben

Am Tag nach der Veröffentlichung des 8. Kommuniqués spielte sich dann im Hauptsitz der *Democrazia Cristiana* in Rom ein groteskes Spielchen ab. Etwa fünfzig angebliche „alte

---

[124] Vgl. Sciascia, L. L'affaire Moro S. 91-92
[125] Vgl. Atlante de La Repubblica, I giorni di Moro S. 94
[126] Vgl. Kellmann, K. Der Staat läßt morden S. 123
[127] Vgl. Sciascia, L. L'affaire Moro S. 93
[128] Zaccagnini erhielt während der Gefangenschaft Moros drei Briefe, allerdings wurden in über 30 Jahren seit der Entführung, wie im weiteren Verlauf dieser Arbeit noch erläutert werden wird, mehrere Briefe Moros gefunden, die nie das Volksgefängnis verließen. Insgesamt hat Moro neun Briefe an Generalsekretär Zaccagnini geschrieben.
[129] Vgl. Kellmann, K. Der Staat läßt morden S. 123

Freunde" von Aldo Moro versicherten schriftlich der Partei, dass inzwischen der Aldo Moro der im Volksgefängnis saß, der seine Familie, Zaccagnini, Andreotti und Cossiga verzweifelt anschrieb und sich bis zuletzt für eine Verhandlung einsetzte, nicht mehr der Mensch war, den sie ja auch so gut kannten. Er sei nicht mehr der Mann, der „zur Entstehung der italienischen Verfassung beigetragen hatte".[130] Moro, der im Volksgefängnis mit großer Wahrscheinlichkeit von den Brigadisten mit den Informationen, die die Terroristen als nützlich für eine bessere Kooperation des Gefangenen hielten, gefüttert wurde, erfuhr von diesem Schreiben und reagierte empört in einem Brief, der am 28. April der Presse zugespielt wurde. Voller Trauer über diese Wende schrieb Moro, dass er „nicht glauben kann, dass einige Freunde (…) ohne sich den Zustand und das Leiden kennen und vorstellen zu können, an der Authentizität meiner Aussagen gezweifelt haben"[131] und er versicherte „weder unter Zwang oder den Einfluss von Drogen"[132] zu stehen. Das war der letzte Brief an die Partei. Fast anderthalb Monate nach der Entführung der Via Fani, am 29. April, wurde Aldo Moro letztendlich aufgegeben. Dem Staatsanwalt De Matteo wurde ohne konkrete Begründung von Generalstaatsanwalt Pietro Pascalino die Leitung der Ermittlungen entzogen, was de facto die bereits sehr schleppend laufende Fahndung beendete. Spätestens ab dem Zeitpunkt konnte von einer tatsächlichen Suche nach dem Volksgefängnis nicht mehr die Rede sein.

Wenige Tage später, am 5. Mai, traf Ministerpräsident Andreotti das Ministerkabinett und gab am Ende dieser Besprechung bekannt, dass für die Regierung eine Begnadigung für inhaftierte Terroristen nicht in Frage käme, um die Sicherheit des Landes zu gewähren.[133] Noch am selben Tag erhielt zum einen Eleonora Moro zwei Abschiedsbriefe von ihrem Mann[134] und zum anderen tauchte das neunte und letzte *comunicato* der roten Brigaden auf, der mit dem Satz begann: „Wir beenden damit die Schlacht, die wir am 16. März begonnen haben, indem wir das Urteil vollstrecken, zu dem Aldo Moro verurteilt worden ist."[135]

---

[130] Vgl. Sciascia, L. L'affaire Moro S. 102
[131] Moro, A. Lettere dalla prigionia S. 140
[132] Moro, A. Lettere dalla prigionia S. 140
[133] Vgl. Imposimato, F. Doveva morire S. 310
[134] Vgl. Moro, A. Lettere dalla prigionia S. 177-179
[135] Vgl. Kellmann, K. Der Staat lässt morden S. 124

6. Der Mord

9. Mai 1978. Am Vormittag erhielt Professor Franco Tritto, enger Freund der Familie Moro, einen Anruf von den roten Brigaden. Der Anrufer war, wie sich später herausstellen würde, der Brigadist Valerio Morucci und rief vom Hauptbahnhof Roms, der *Stazione Termini*, an. Auf Grund der Wichtigkeit wird folgend der Anruf als Ganzes wiedergegeben.[136]

Brigadist - „Hallo, ist da Professor Franco Tritto?"

Tritto - „Wer spricht?"

Brigadist - „Doktor Nicolai."

Tritto - „Was für ein Nicolai?"

B. - „Sind Sie Professor Franco Tritto?"

T. - „Ja, der bin ich."

B. - „Eben, ich hatte den Eindruck die Stimme zu kennen…Hören Sie, abgesehen davon, dass ihr Telefon abgehört wird, müssen Sie der Familie eine letzte Nachricht überbringen."

T. - „Ja, aber ich möchte wissen wer spricht!"

B. - „Rote Brigaden. Haben Sie verstanden?"

T. - „Ja."

B. -„Gut. Ich kann nicht lange telefonieren. Sie müssten also der Familie etwas ausrichten. Sie müssten persönlich hingehen, auch wenn Ihr Telefon abgehört wird. Sie müssten persönlich hingehen und dies sagen: Wir respektieren den letzten Wille des Präsidenten und teilen der Familie mit, wo sie den Körper des Ehrenwerten Aldo Moro finden kann.

T. - „Aber was soll ich denn machen?"

B. - „Hören Sie mich?"

T. - „Nein, wenn sie bitte wiederholen könnten…"

B. - „Nein, ich kann nicht wiederholen…Also Sie müssen der Familie mitteilen, dass sie den Körper des Ehrenwerten Aldo Moro in der Via Caetani, die zweite Querstraße nach rechts von der Via delle Botteghe Oscure. In Ordnung?"

T. - „Ja."

B. -„Da steht ein roter Renault 4. Die ersten beiden Nummern auf dem Kennzeichen sind N 5."

T. - „N 5? Soll ich anrufen?"

B. - „Nein, Sie müssten persönlich hingehen."

---

[136] Telefonat übersetzt nach Sciascia, L. L'affaire Moro S. 123-125. Eine deutsche Übersetzung findet sich in Kellmann K. Der Staat lässt morden S.163-164

T. - „Ich kann nicht…"

B. - „Sie können nicht? Sie müssten aber unbedingt…"

T. -„Ja, natürlich, ja…"

B. - „Es tut mir leid, nur, wenn Sie telefonieren, dann würden Sie nicht…würde das nicht vollständig der Bitte entsprechen, die der Präsident uns ausdrücklich aufgetragen hat…"

T. - „Sprechen Sie mit meinem Vater, ich bitte Sie…"

B. - „Ja, gut."

Tritto Vater - „Hallo? Was wollen Sie mir sagen?"

B. - „Sie müssen zur Familie des Ehrenwerten Moro gehen oder Ihren Sohn hinschicken oder notfalls telefonieren."

T. Vater - „Ja."

B. - „Es reicht wenn Sie es machen. Die Nachricht habe ich Ihrem Sohn mitgeteilt. In Ordnung?"

T. Vater - „Kann ich denn nicht selber hingehen?"

B. - „Sie? Ja, Sie können auch hingehen."

T. Vater - „Weil es meinem Sohn nicht gut geht."

B. - „Sie können auch hingehen, das ist genau so gut selbstverständlich. Aber Sie müssen sich beeilen weil der Wille, der letzte Wille des Ehrenwerten war folgender: Dass die Familie benachrichtigt werden musste, damit die Familie seinen Körper zurückhaben kann…In Ordnung? Auf Wiedersehen."

Mit diesem Anruf gaben die Roten Brigaden den Tod von Aldo Moro bekannt. Der anrufende Brigadist, obwohl er davon ausging, dass das Telefon der Familie Tritto abgehört wurde, blieb ruhig, geduldig und respektvoll. Moro wurde immer mit „Präsident" oder „der Ehrenwerte" betitelt. Aber genau das ist ein wichtiger Anhaltspunkt für eine wichtige Überlegung: die doch lange Dauer des Telefonats. Wenn die berechtigte Verwirrung Trittos, die Verzweiflung, die Übergabe des Telefons dem Vater und die notwendigen Wiederholungen Moruccis damit die Nachricht auch richtig übermittelt werden würde bedacht werden, hat das Telefonat nicht weniger als drei Minuten gedauert. Im Hauptbahnhof Termini befindet sich eine Polizeidienststelle und das Telefon der Familie Tritto wurde sicher abgehört, sodass eine Festnahme Moruccis durchaus möglich gewesen wäre. Doch auch hier überraschte mal wieder die Langsamkeit der Polizei.[137] Tritto jedenfalls erfüllte dann die ihm zugetragene Aufgabe und machte sich auf dem Weg

---

[137] Vgl. Sciascia, L. L'affaire Moro S. 126-126

zum Hause Moro.[138] Um 13:30 ging dann auch bei der Präfektur ein anonymer Anruf ein der die Polizei über den Aufenthaltsort von Moros Leiche in Kenntnis setzte. Die Straße wurde sofort von beiden Seiten gesperrt für den Verkehr, trotzdem konnten die Einsatzkräfte der Polizei und der Carabinieri nur sehr schwer den Andrang der schaulustigen Menschen, die sich ums Auto mit dem Kennzeichen N56786 versammelt hatten, unter Kontrolle halten. Kurz nach 14 Uhr trafen auch Innenminister Cossiga und Staatsanwalt De Matteo ein. Cossiga näherte sich dem alten, ungepflegten Fahrzeug, der mit offenen Türen stand und gegen die Verkehrsrichtung geparkt wurde. Im Kofferraum lag, in einer Umzugsdecke eingewickelt, die Leiche. „Ja, es ist Moro" sagte Cossiga. Um 15 Uhr wurde die Leiche von einem Krankenwagen abgeholt und in die Gerichtsmedizin gefahren, wo die Autopsie stattfand.[139] Wie sich herausstellte, war Moro den Umständen entsprechend in bester körperlicher Verfassung. Zu keinem Zeitpunkt der 55 Tage im Volksgefängnis wurde der Mann geknebelt, gefoltert oder unter Drogen gesetzt, was ein ernüchternder Befund für all diejenigen war, die die These aufgestellt und vertreten hatten, Moro sei während der Gefangenschaft nicht mehr Moro gewesen.[140] Am 9. Mai, in den ersten Morgenstunden, wurde Moro stehend mit elf Schüssen, aus einer Maschinenpistole Skorpion[141] abgefeuert, getötet. Danach wurde ihm der Anzug, samt Krawatte, angezogen, den er am Tag der Entführung trug. Die Leiche wurde anschließend ins Auto verfrachtet und in die Via Caetani gefahren.[142] Eleonora Moro und ihre Kinder gaben noch am selben Tag eine schriftliche Erklärung ab, die zusammen mit der Nachricht vom Mord von allen Zeitungen publiziert wurde: „ Die Familie wünscht, dass der Wille Aldo Moros in vollen Zügen vom Staat und den Parteien respektiert wird. Das bedeutet: keine öffentliche Veranstaltung, noch Zeremonien oder Reden; keine Staatstrauer, kein Staatsbegräbnis und keine Gedenkmedaille. Die Familie verschließt sich im Schweigen und verlangt Schweigen. Über Leben und Tod von Aldo Moro wird die Geschichte urteilen."[143]

Die private Trauerfeier der Familie Moro fand am 10. Mai in Torrita Tiberina, ein kleiner Dorf im Latium, fünfzig Kilometer von Rom entfernt, wo die Moros ein Haus besaßen, statt. Keine Politiker, Parteimitglieder der *Democrazia Crisitiana* oder anderer Parteien waren erwünscht. Nur die engsten Freunde und Familienmitglieder nahmen am Begräbnis

---

[138] Vgl. Kellmann, K. Der Staat lässt morden S. 164-165
[139] Vgl. Mafai, M. in: Atlante de La Republica. I giorni di Moro S. 124-125
[140] Vgl. Kellmann, K. Der Staat lässt morden S. 170
[141] Die Skorpion ist eine Klein-Maschinenpistole, die in der ČSSR ab 1963 gefertigt und hauptsächlich an Polizei sowie Streitkräfte ausgeliefert wurde
[142] Vgl. Mafai, M. in: Atlante de La Republica. I giorni di Moro S. 124-125
[143] Erklärung übersetzt nach: Atlante de La Republica. I giorni di Moro S. 125. Eine deutsche Übersetzung findet sich in Kellmann, K. Der Staat lässt morden S. 167

teil. Nach der Trauerfeier wurde Moro im kleinen Friedhof des Dorfes begraben.[144] Am 13. Mai fand eine öffentliche Totenmesse in der Basilika San Giovanni in Laterano in Rom unter dem Vorsitz von Papst Paul VI statt. Alle italienischen Staatsmänner waren anwesend. Eleonora Moro wurde vom Papst persönlich zur Messe eingeladen, gab aber in einer öffentlichen Erklärung bekannt, dass keiner der Familienmitglieder Moros teilnehmen würde.[145]

7. Ermittlungen und neue Erkenntnisse nach dem Tod Moros

Aldo Moro war tot. Die Polizei, die Carabinieri, das UCIGOS und das *Comitato di crisi* hatten nach dem Staatsmann gefahndet. Viele Kräfte wurden mobilisiert, um den Christdemokraten zu finden, doch alle blieben erfolglos. Auch nach seinem Tod gingen die Ermittlungen weiter, Jahre lang, teilweise bis heute. Am 18. Mai 1978 wurde der Fall Moro in die Hände von Staatsanwalt Ferdinando Imposimato und den Ermittlungsrichtern Rosario Priore, Claudio D'Angelo und Francesco Amato gegeben. Obwohl inzwischen viele Jahren vergangen sind, ist nur ein Teil der Ermittlungen von Erfolg gekrönt worden. Einige Fragen wurden nie beantwortet, wie bereits im Falle des Kommandos der roten Brigaden in der Via Fani festgestellt werden konnte.

7.1. Verhaftungen

Bevor die ungeklärten Punkte dieses Falles beschrieben werden, müssen erst mal diejenigen genannt werden, die sich für die Taten im Fall Moro verantworten mussten und bezahlt haben. Denn Teile der heutigen Erkenntnissen basieren zwar auf die Befunde der Ermittler, aber vieles konnte erst durch die Aussagen der verhafteten *brigatisti,* die an der Entführung teilgenommen hatten, zu einem Gesamtbild führen. Der Anführer der roten Brigaden und Leiter der Operation Mario Moretti wurde im April 1981 verhaftet. Er gab zu, nicht nur der Kopf der Bande gewesen, sondern auch der Henker Moros gewesen zu sein und bekam sechsmalig lebenslange Freiheitsstrafe. Zur höchsten Strafe des Strafrechts wurden auch Prospero Gallinari, Franco Bonisoli, Valerio Morucci, Adriana Faranda, Barbara Balzerani, Raffaele Fiore und Bruno Seghetti sowie Anna Laura Braghetti und Germano Maccari, die die Gefängniswärter Moros waren. Auch Alvaro Lojacono und Alessio Casimirri bekamen „lebenslänglich", flüchteten aber ins Ausland, Lojacono in der Schweiz und Casimirri in Nicaragua. Ihre Strafe haben sie nie abgesessen.[146] Rita Algranati, diejenige die in der Via Fani mit einem Blumenstrauß die Ankunft Moros

[144] Vgl. Villoresi, L. in: Atlante de La Repubblica. I giorni di Moro S. 134
[145] Vgl. Kellmann, K. Der Staat lässt morden S. 172
[146] Vgl. Atlante de La Repubblica. I giorni di Moro S. 152-153

signalisierte, flüchtete ins Ausland, wurde aber 2004 in Ägypten gefasst und musste sich vor Gericht verantworten. Sie wurde als einzige freigesprochen.[147]

7.2. Warum Moro?

Staatsanwalt Imposimato traf im Mai 1979, wenige Tage nach deren Verhaftung, die Brigadisten Faranda und Morucci. Sie erzählten wie es dazu kam, dass Moro zum Ziel des Anschlags wurde. Im September 1976, kurz nach der Bildung der *colonna romana*, wurde eine sogenannten *preinchiesta*, eine „Vorermittlung", wie sie von den *brigatisti* gennant wurde, gestartet. Einem wichtigen Vertreter der stärksten Partei Italiens, die *Democrazia Cristiana*, sollte etwas zustoßen, wobei aber ein genauer Umsetzungsplan dieser Idee zu dem Zeitpunkt noch nicht ausgearbeitet worden war. In der engeren Auswahl kamen Ministerpräsident Andreotti, Senatsvorsitzender Fanfani und eben der Parteivorsitzende und -symbol im In- und Ausland Aldo Moro. Alle drei Politiker werden im Laufe der „Vorermittlung" verfolgt und observiert. Morucci sagte aus, dass im September 1977 Fanfani ausgeschlossen wurde, weil er nach seiner Hochzeit umgezogen war und nur sehr selten das Haus verließ. Andreotti im Gegenteil war sehr viel unterwegs. Er wohnte im Corso Vittorio in Rom, hielt sich aber oft auch im Parlament, im Senat oder in der Abgeordnetenkammer auf. In der Nähe seiner Arbeitsplätze wäre ein Anschlag auf dem Ministerpräsidenten wegen der starken Präsenz von Polizei und Carabinieri undenkbar gewesen, aber auch privat bewegte sich Andreotti immer mit seiner Eskorte. Morucci sagte aus, dass Andreotti immer in einem kugelsicheren Auto fuhr und dass mehrere stark bewaffnete Polizisten für seine persönliche Sicherheit sorgten. Andreotti war also ein sehr begehrtes, aber kaum in die Tat umsetzbares Ziel eines Anschlages. Mit dem Ausschluss von Fanfani und Andreotti fiel die Entscheidung der römischen Kolonne somit auf Moro. Monatelang wurde Moro verfolgt, seine Tagesabläufe und seine Gewohnheiten wurden minuziös aufgezeichnet. Moro hatte zwar eine Leibwache, die aber numerisch nicht so stark war; vor allem wurden nie Panzerautos als Fortbewegungsmittel genutzt, was einen Anschlag deutlich erleichterte. Erst nachdem die *brigatisti* im Besitz aller notwendigen Informationen waren, wurde Ort und Zeit für den Anschlag ausgewählt. „Der ursprüngliche Plan sah vor", sagte weiter Morucci, „dass Moro ohne die Ermordung der Eskorte entführt werden sollte."[148]

---

[147] Vgl. Imposimato, F. Doveva morire S. 66
[148] Vgl. Imposimato, F. Doveva morire S. 51-55

7.3.   Vorzeichen

Als die roten Brigaden im Jahr 1977 eine Vorermittlung führten, um ein geeignetes Opfer zu finden, stellt sich natürlich die Frage, ob die Terroristen dabei keine Spuren hinterließen. Gab es keinerlei Vorzeichen, die zumindest in den Kreisen der italienischen Geheimdienste, den Anschlag auf einen wichtigen Politiker vermuten ließen? Und sahen nur die *Brigate rosse* in Moro einen Feind oder hatte auch jemand anders Interesse daran, dass der Christdemokrat aus der italienischen und internationalen Politik verschwand? Eleonora Moro, die Frau des Staatsmannes, sagte 1982 vor Gericht aus, dass ihr Mann wegen seiner moderaten und toleranten politischen Ansichten in Angst leben musste. Vor allem diejenigen (und das waren nicht wenige) die gegen einen Dialog zwischen Katholiken und Kommunisten waren, sahen in Moro einen gefährlichen und einflussreichen Feind. Moro wurde laut ihrer Aussage von „mehreren Seiten, Gruppen und Personen" bedroht.[149] Wer damit gemeint war, ist bis heute unklar. Aber sicher ist es, dass in den Jahren nach der Ermordung Moros mehrere Theorien ausgearbeitet wurden, die eine Beseitigung Moros durch ausländische Mächte schilderten. Demnach wären die Roten Brigaden nur das Werkzeug anderer Interessengruppen gewesen. Dazu Genaueres im nächsten Punkt. Die konkreten Vorzeichen des Anschlages lassen sich in den Aussagen der Menschen, die Moro nahe standen, finden: Eleonora Moro berichtete, dass sich in den Monaten vor der Entführung sich die Lage zugespitzt haben musste, weil einerseits Oreste Leonardi, der Anführer von Moros Leibwache, viel aufmerksamer und strenger bei der Ausübung seiner Aufgabe wurde und andererseits Moro mehrmals bei der Partei Panzerwagen für sich, seine Männer und sogar für seine Familie beantragt hatte. Dieser Antrag wurde allerdings nie genehmigt.

Noch wichtiger sind weitere Äußerungen Leonardis gegenüber Eleonora Moro in der Zeit vor dem Anschlag. Der *Carabiniere* erzählte, dass ihn mehreren Kollegen über die Anwesenheit einiger bekannten, nicht aus Rom stammenden *brigatisti*[150] informierten, dass aber von den Autoritäten nie der Befehl ausgeteilt wurde, diese zu verfolgen oder zu verhaften.[151] Zusätzlich hatte Leonardi ein hellfarbenes Auto bemerkt, dass sie wochenlang verfolgte, wenn sie mit Moro unterwegs waren. Auch dies hatte er gemeldet, ohne dass aber etwas unternommen wurde.[152] Des Weiteren wurde in den Unterlagen des SISMI, das ehemalige italienische Militärgeheimdienst, ein Schreiben an das Innenministerium

---

[149] Vgl. Imposimato, F. Doveva morire S. 160
[150] Mario Moretti war der Gründer und Anführer der römischen Kolonne aber im Fall Moro waren auch *brigatisti* aus anderen Teilen des Landes verwickelt, wie z.B. Franco Bonisoli oder Adriana Faranda
[151] Vgl. Imposimato F., Doveva morire S. 159-160
[152] Vgl. Accame, F. Moro si poteva salvare S. 77

gefunden, in dem auf die Bemerkungen Leonardis und die Sorgen Moros um seine Sicherheit aufmerksam gemacht wurde. Sowohl Andreotti wie auch Cossiga leugneten allerdings vor Gericht, jemals von diesen Vorzeichen erfahren zu haben.[153] An Leonardis Verhalten ist aber abschließend etwas widersprüchliches festzustellen: Obwohl sich in den Monaten vor dem Anschlag in der Via Fani doch einige Vorzeichen erkennen ließen, dass Moro eventuell in Gefahr sein könnte, und gerade Leonardi daraufhin noch intensiver bemüht war, Moros Sicherheit zu garantieren, überrascht es, dass beim Angriff vom 16. März keiner der Leibwächter, ausgenommen Jozzino, der als Einziger das Feuer der *brigatisti* erwiderte, seine Waffe einsatzbereit hielt.[154] Unglaublicherweise befanden sich die Maschinengewehre der Beamten sogar in den Kofferräumen der Autos.[155]

7.4.   Ermittlungspannen oder gewollte Irreführungen?

7.4.1. Die Geheimdienste

Lange Zeit wurde davon ausgegangen, dass die *Brigate rosse* die einzigen Drahtzieher der Entführung seien. Nun muss aber die Sache genauer betrachtet werden, denn an einer Reihe eigenartiger Zufälle wird schnell klar, dass diese Annahme mit großer Wahrscheinlichkeit falsch ist. Wenn man zusammenfassend chronologisch vorgeht, fallen die bereits erwähnten aber nicht berücksichtigten Vorwarnungen des Anschlages sowie die Merkwürdigkeiten am Morgen des 16. März in der Via Fani, wie die Präsenz von Geheimdienstlern oder der Zusammenbruch des Kommunikationsnetzes, auf. Danach gab es die verpassten Durchsuchungen im Brigadistenlager der Via Gradoli 96. Noch absurder wird diese Geschichte wenn die Tatsache berücksichtigt wird, dass in der Via Gradoli 89, das Gebäude gegenüber der Wohnung von Moretti der SISMI-Agent Arcangelo Montani wohnte.[156] Es erscheint als sehr merkwürdig, dass nicht einmal er, spätestens nachdem die Erkenntnissen aus der spiritistischen Sitzung von Romano Prodi und seinen Kollegen bekannt wurden, auf die Idee kam, dass die Indizien in die römische Straße führen konnten, in der er selbst wohnte? Das war aber nicht alles. Denn in der Via Gradoli waren insgesamt zwanzig Wohnungen vorhanden, deren Eigentümer Scheingesellschaften des inländischen Nachrichtendienst SISDE waren. Somit waren mehrere Vertreter der italienischen Geheimdiensten so nah wie es nur ging an einem der

---

[153] Vgl. Imposimato F., Doveva morire S. 160-161
[154] Vgl. Imposimato, F. Doveva morire S. 161
[155] Vgl. Biagi, E. La nuova storia d'Italia a fumetti S. 656
[156] Vgl. Flamigni, S. Il Covo di Stato. Via Gradoli 96 e il delitto Moro. S. 25 ff.

wichtigsten Logistikzentren der Roten Brigaden sowie den Wohnort von Mario Moretti.[157] Wahrscheinlich hätte eine sofortige Razzia der Polizei und eine eventuelle Festnahme Morettis die Befreiung Moros ermöglicht. Die Entdeckung der Wohnung erfolgte aber nur unter den erwähnten Umständen, als Moretti bereits umgezogen war.[158]

7.4.2. Das organisierte Verbrechen

Inzwischen hat sich herausgestellt, wer das erste, gefälschte, *comunicato no. 7*[159] der Roten Brigaden verfasst hatte, der die Polizei zu der Suche nach der Leiche Moros im Duchessa-See führte. Es trägt die Unterschrift von Antonio „Tony" Chicchiarelli, professioneller Dokumentenfälscher, der im Dienst der *Banda della Magliana* tätig war.[160] Die *Banda della Magliana* war die stärkste Bande des organisierten Verbrechen der 1970er Jahren in der italienischen Hauptstadt mit einer großen Vernetzung mit anderen Mafia-Gruppen, wie *Cosa Nostra*, *'Ndrangheta* und *Camorra*.[161] Hatte also auch das organisierte Verbrechen seine Hände mit im Spiel? „Ja" sagt Staatsanwalt Imposimato „vor allem Cosa Nostra spielte eine entscheidende Rolle in der Entführung Moros, zuerst indem sie die Befreiung Moros plante; danach aber, entschieden sie sich, um den Anweisungen aus den inneren Kreisen der Regierung zu folgen, Druck auf die Roten Brigaden auszuüben um sie zur Ermordung Moros zu zwingen."[162] Die berechtigte Frage warum sich die Mafia für Moro interessierte ist, dank der Aussagen zweier Kronzeugen, Buscetta und Mannoia, ehemalige *Cosa Nostra*-Mitglieder, schnell beantwortet. Sie erzählten Imposimato, dass am 17. März 1978 am Tag nach der Entführung der Via Fani, sich in Palermo eine Mafiakommission traf, um das Vorgehen im Fall Moro zu besprechen. Dort wurde entschieden, dass die Mafia die Entscheidungen der *Democrazia Cristiana* unterstützen würden, weil die Partei dem organisierten Verbrechen die meisten Gefallen tat und Garantien gab.[163] Am 17. März ging man in den Mafiakreisen davon aus, dass der Wille der Partei die Befreiung Moros war, mit der Zeit wurde aber klar dass die Absichten der „Parteifreunde" des Politikers ganz andere waren und dementsprechend verhielt sich auch das organisierte Verbrechen.

---

[157] Vgl. Accame, F. Moro si poteva salvare S. 87
[158] Siehe hierzu Punkt 5.3.
[159] Chicchiarelli wurde 10 Tage nach Moros Ermordung beauftragt, ein weiteres falsche Kommuniqué (comunicato no. 10) zu verfassen. Chicchiarelli versuchte in den Folgejahren mit den Ermittlern im Fall Moro in Kontakt zu treten und wurde am 28 September 1984, mit großer Wahrscheinlichkeit vom organisierten Verbrechen, ermordet. Die Informationen, die er aber hinterlassen hatte, reichten, um ihn als Verfasser der falschen *comunicati* zu identifizieren.
[160] Vgl. Imposimato, F. Doveva morire S. 133
[161] Vgl. Krauthausen, C. Moderne Gewalten: Organisierte Kriminalität in Kolumbien und Italien S. 88
[162] Ferdinando Imposimato in: Imposimato, F. Doveva morire S. 316
[163] Vgl. Imposimato, F. Doveva morire S. 317

7.4.3. Das UCIGOS und das Volksgefängnis, das nicht gefunden werden sollte

Wo wurde Moro eigentlich gefangen gehalten? Die Ermittlungen führten am 28. Mai 1980 zur Verhaftung in Rom von der Brigadistin Anna Laura Braghetti, die mit Germano Maccari und Prospero Gallinari die Gefängniswärterin Moros während der 55 Tage Gefangenschaft war. Sie war zwischen dem Juni 1977 und dem September 1978 Eigentümerin einer Wohnung in Rom, in der Via Montalcini 8, wo sie sich aber nie angemeldet hatte. Dafür war Germano Maccari, unter dem Decknamen „Altobelli" offiziell eingezogen. Die zwei Terroristen gaben sich als Paar aus. Anna Laura Braghetti sagte aus, dass Moro dort gefangen gehalten wurde, sodass Imposimato im Juni 1980 sich die Wohnung anschaute. Sie befand sich im ersten Stockwerk und war direkt von der Garage zugänglich, was ja sehr geeignet war, um unerwünschten Blicken auszuweichen. Imposimato entschied sich, alle Bewohner des Hauses im Zeitraum der Entführung Moros zu befragen, um eventuelle hilfreiche Informationen zu erhalten. Eine interessante Information kam vom Inquilin Vincenzo Signore, der beobachtet hatte, dass kurz nachdem Altobelli und Braghetti eingezogen waren, an den Fenstern der Wohnung Gitter angebracht wurden.

Besonders nützlich erwies sich die Befragung von Manfredo Manfredi, der 1978 Hausverwalter der Via Montalcini 8 war. Der Mann erklärte, dass im August 1978 seine Frau von zwei Männern befragt wurde, die sich als Beamten vom UCIGOS ausgewiesen hatten. Sie wollten unbedingt auch die anderen Bewohner des Hauses befragen, sodass Frau Marini wenige Tage später ein Treffen zwischen den UCIGOS und die Hausbewohner bei sich zu Hause organisierte. Gegenstand der Befragung war das zu dem Zeitpunkt noch in der Via Montalcini 8 wohnhafte Paar Altobelli – Braghetti, das natürlich beim Treffen nicht anwesend war.[164] Wenn also das UCIGOS bereits wenige Wochen nach der Ermordung Moros von der Wohnung in der Via Montalcini 8 wusste, als wohlgemerkt nach Anna Laura Braghetti noch gar nicht gefahndet wurde, warum wurde die Staatsanwaltschaft nicht informiert, die erst zwei Jahre später, nach der Verhaftung der Braghetti das „Volksgefängnis" finden wird?

---

[164] Vgl. Imposimato, F. Doveva morire S. 9-14

7.4.4. Der rote Renault 4

Am Morgen des 9. Mai 1978 ging Graziana Piazza, Bewohnerin einer Wohnung im zweiten Stockwerk des Hauses in der Via Montalcini 8 in die Garage, wo sie ein Abstellplatz für ihr Fahrzeug hatte. Sie musste jeden Morgen wegen ihrer Arbeit als Lehrerin in Velletri sehr früh aus dem Haus. Jeder Parkplatz war mit einem Rollgitter versehen, den man runterziehen und abschließen konnte. Direkt neben dem der Familie Piazza besaß das Paar Altobelli-Braghetti einen Abstellplatz. An diesem Vormittag bemerkte Frau Piazza ein rotes Auto, weil das Rollgitter der Altobellis nicht ganz geschlossen war. Neben dem Auto stand ein Mann und vor dem Garagentor Anna Laura Braghetti, die, als sie Frau Piazza kommen sah, versuchte, durch eine kurze Unterhaltung die Dame von der Garage abzulenken. Als aber am Abend der rote Renault 4 in allen Nachrichtensendungen zu sehen war, benachrichtigte Frau Piazza einen Verwandten, den Anwalt Mario Martignetti. Martignetti setzte den christdemokratischen Minister für Süditalien Remo Gaspari, mit dem er befreundet war, über diese Beobachtung in Kenntnis. Dieser sprach wiederum mit Cossigas Nachfolger im Innenministerium, Viginio Rognoni. Dies geschah wohlgemerkt wenige Tage nach der Ermordung Moros.[165]Jahre später bestätigte auch Anna Laura Braghetti die Schilderung von Graziana Piazza. An diesem Morgen hatten Moretti und Maccari Moro in einen Korb gesteckt und in die Garage getragen. Braghetti sollte vor dem Rollgitter die Stellung halten. Sie beschrieb ihre Angst, als sie die Dame kommen sah. In dem Moment war Moro noch am Leben.[166] Auch hier scheint also klar zu sein, dass in der Regierung, insbesondere im Innenministerium, das zuerst von Cossiga, dann *ad interim* von Andreotti selbst und letztendlich von Rognoni besetzt wurde, mehr Informationen über die Via Montalcini und allgemein den Ablauf des Falles Moros vorhanden waren, als man bereit war zuzugeben.

7.4.5. Mailand, Via Monte Nevoso und das *Memoriale* von Moro

Auch nach dem Tod Moros mordeten die *Brigate rosse* weiter und auch der rechtsextremistische Terrorismus plagte Italien weiter. So erhielt im August 1978 der Carabinieri-General Carlo Alberto Dalla Chiesa vom Innenministerium eine Sondervollmacht zur Terrorismusbekämpfung. Insbesondere wurde Dalla Chiesa mit der Verhaftung von Moros Mördern beauftragt. Keine zwei Monate nach Erhaltung des Auftrages, am 1. Oktober, stieß der Einsatzkommando Dalla Chiesas in einem Mailänder Brigadistennest in der Via Monte Nevoso 8. Neun Brigadisten wurden dabei

---

[165] Vgl. Di Giovacchino, R. Il libro nero della prima repubblica S. 189

[166] Vgl. Imposimato, F. Doveva morire S. 18

festgenommen. Die Durchsuchung der Wohnung brachte stapelweise Briefe und Dokumente, die Moro während seiner Gefangenschaft geschrieben hatte, darunter auch bis dato unbekannte Briefe, die die Brigadisten nicht aus dem „Volksgefängnis" befördert hatten. Noch wichtiger war der Fund des sogenannten *Memoriale Moro*, eine Reihe von Dokumenten, die zum Teil von den Roten Brigaden und zum Teil von Moro selbst verfasst wurden.[167] Wenn Via Montalcini 8 in Rom das Volksgefängnis war, dann war Via Monte Nevoso 8 in Mailand eine Art Archiv der Terroristen, in dem die ganzen Protokolle des „Prozesses" an Moro versteckt wurden. Die Carabinieri blieben fünf Tage lang in der Wohnung, um alles zu sichern. Der Vertrauensmann Dalla Chiesas, Roberto Arlati, der die Operation in der Via Monte Nevoso geleitet hatte, gab die gefundenen Papiere seinem Kollegen Bonaventura und beauftragte ihn, davon eine Kopie zu machen und diese dann Dalla Chiesa zu überreichen. Bonaventura kam erst am späten Nachmittag wieder und brachte zwar die Akte zurück, aus der aber nach Aussage von Arlati offensichtlich Teile entfernt worden waren, weil sie viel dünner war.[168] Der wahre Schatz aus dieser Wohnung sollte aber noch ans Licht kommen. Dafür mussten aber erst zwölf Jahre vergehen. Im Mai 1990 erhielt der rechtmäßige Besitzer der Wohnung der Via Monte Nevoso 8 sein Eigentum zurück. Im Oktober desselben Jahres veranlasste er Renovierungsarbeiten in der Küche. Dort befanden sich zwei Fenster. Der mit der Arbeit beauftragte Maurer bemerkte, dass unter einem Fenster ein Hohlraum zu sehen war, während unter dem zweiten Fenster der Hohlraum von einer Spanplatte bedeckt war. Diese Platte wurde dann entfernt und somit die wichtigste Entdeckung im Fall Moro ermöglicht. Im abgedeckten Hohlraum befanden sich Waffen, Patronen, Geld und Dokumente. Nach einem Zeitfenster von zwölf Jahren kam der echte Memorial Moros, Dokumente, die sechs Mal umfangreicher waren als die von 1978, zum Vorschein: 419 Papiere, davon 190 Briefe und Moros Testament und 229 Seiten „Memoriale".[169] Wichtig ist allerdings die Tatsache, dass auch beim zweiten Fund in Via Monte Nevoso nur Kopien gefunden wurden. Und obwohl sicher ist, dass diese Papiere von Moro verfasst wurden, sind die Originale nie aufgetaucht. Jedenfalls beinhalteten diese Dokumente, in denen Moro zum Teil die Fragen von Moretti während der Gefangenschaft beantwortet, Offenbarungen des Staatsmannes über:

a) „Gladio", eine paramilitärische Geheimorganisation der NATO, der CIA und des britischen MI6 die eine Machtübernahme des Kommunismus in Westeuropa verhindern sollte.

---

[167] Vgl. Kellmann, K. Der Staat lässt morden S. 181-182
[168] Vgl. Imposimato, F. Doveva morire S. 277
[169] Vgl. Gotor, M. Le possibilità dell'uso del discorso nel cuore del terrore in: Moro, A. Lettere dalla prigionia S. 240-241

b) Die italienische Presse.

c) Die sogenannte *strategia della tensione*, die Strategie der Spannung. Damit sind terroristischen Aktivitäten gemeint, die von den italienischen Geheimdiensten, die Geheimloge „*Propaganda 2*" und Gladio zur negativen Manipulation der öffentlichen Meinung über die italienische politische Linke, insbesondere die Kommunisten, benutzt wurden.

d) Die Nominierung von Medici zum Präsidenten des Mischkonzerns Montedison.

e) Andreotti und Cossiga.

f) Die Finanzierung der *Democrazia Cristiana*, die zum Teil von der CIA kam.

g) Das Lockheed-Skandal, eine Reihe von Bestechungen und Gefallen des amerikanischen Flugzeugherstellers Lockheed in Deutschland, Italien, den Niederlanden und Japan.

Als das *memoriale* gefunden wurde, waren die Papiere nicht nach einem bestimmten Kriterium geordnet, sondern einfach gemischt aufbewahrt. Moro hatte wahrscheinlich die Fragen so beantwortet, wie sie ihm gestellt wurden, was bedeutet, dass bestimmte Themen immer wieder in Verlauf des „Prozesses" von den Brigadisten aufgegriffen wurden. Jedenfalls machte sich die Untersuchungskommission die Mühe, das *memoriale* nach Themen zu ordnen.[170] Prinzipiell reicht es, die Themen zu überfliegen und sie in den historischen Kontext hineinzufügen, in dem sie zur Aussprache kamen und zwar mitten im Kalten Krieg. Die Staatsgeheimnisse, die Moro kannte waren wie eine scharfe Bombe in einer sehr angespannten politischen Zeit und seine Offenbarungen während der Gefangenschaft die geeignete Zündung, um eine Explosion zu bewirken. Vor allem die Enthüllungen über die Organisation Gladio, die Geheimloge *Propaganda 2* und die Finanzierung der Democrazia Cristiana durch die CIA ließen für die Amerikaner und die italienischen Politiker Moro zu einen gefährlichen Feind werden. Insbesondere für Andreotti und Cossiga. Obwohl also die Ermittler im Fall Moro erst 1990, als der Eiserne Vorhang bereits bröckelte, die heißen Details des *memoriale* erfuhren, gab Ministerpräsident Andreotti am 24 Oktober, zwei Wochen nach dem Fund des Maurers in Via Monte Nevoso dem Parlament bekannt, dass die illegale Geheimorganisation Gladio seit über 40 Jahre in Italien, mit Unwissen der Regierung in Italien präsent war.[171]

---

[170] Vgl. Selva, G. u. Marcucci, E. Aldo Moro:quei terribili 55 giorni S. 157
[171] Vgl. Imposimato, F. Doveva morire S. 279-280

7.4.6. *Propaganda 2* und *Gladio*

Moro enthüllte also einige Machtspiele, die sich im Untergrund der italienischen Politik ereigneten, vor allem auf der Ebene von Geheimdienstoperationen. Sowohl die Loge Propaganda 2 wie auch Gladio waren feste Bestandteile der *strategia della tensione*. Nun ist aber eine Klärung über die genauen Handlungen dieser Organisationen notwendig, um nachzuvollziehen, wie brisant und gefährlich eine Aufdeckung dieser Operationen gewesen wäre.

Was ist die Loge *Propaganda 2*? Wahrscheinlich wird diese Frage nie endgültig und ausführlich beantwortet werden können. Zu viele Mythen, Spekulationen und Vermutungen sowie ernsthafte, auf Beweise basierende Erklärungsversuche machen dies zu einer sehr schwer zu lösenden Aufgabe. Eine erste geheime Loge mit dem Namen *Propaganda*, in der sich italienische Politiker und Bankiers versammelten, entstand bereits am Ende des 19. Jahrhunderts im Rahmen des damals legalen Freimauer-Dachverbandes *Grande Oriente d'Italia*.[172] Während dem Faschismus wurden dann Freimauereiverbände verboten, sodass erst nach dem zweiten Weltkrieg die Loge wiedergeboren wurde, mit dem Namen *Propaganda 2,* kurz *P2.* Die Organisation und Leitung der *Propaganda 2* übernahm der amerikanische Freimauerei-Verband mittels eines Mannes Namens Frank Gigliotti, OSS-[173] und später CIA-Agent in Italien.[174] Die zentrale Figur der Loge sollte aber ein anderer werden. Der Matratzenfabrikant mit faschistischer Vergangenheit Licio Gelli, schrieb sich 1963 als Freimaurer ein. Mitglied der P2 wurde er 1966 dank einflussreicher Freunde in Rom. Innerhalb der Geheimloge erfuhr er einen raschen Aufstieg, unter Anderem weil er für den Zugang immer zahlreicher Führungsgestalten aus Wirtschaft, Politik, Militär, in- und ausländische Geheimdiensten und Mafia in die P2 sorgte.[175] 1969 wurde Gelli zum Chef der Loge ernannt. Im Laufe der 1970er Jahren wurde die P2 so mächtig, dass ihr Einfluss in alle entscheidenden Vorgänge der politischen Leitung Italiens zu wahrnehmbar war. Ziel der Loge war es aber nicht, Regierungen zu stürzen oder mit Gewalt die Macht zu übernehmen, sondern das *potere occulto*, eine verborgene und geheime Macht, auszuüben, und damit das System zum eigenen Vorteil zu beeinflussen.[176] Konkret wurde 1975 ein *Piano di rinascita democratica*, ein Plan zur demokratischen Erneuerung, entwickelt, in dem vorgesehen war, durch gezielte

---

[172] Vgl. Kellmann, K. Der Staat lässt morden S. 58-59
[173] OSS: Office of Strategic Services, Nachrichtendienst des amerikanischen Kriegsministeriums bis 1945
[174] Vgl. Flamigni, S. Trame atlantiche S. 25-33
[175] Vgl. Kellmann, K. Der Staat lässt morden S. 58
[176] Vgl. Veneziani, M. Controinformazione S.113

Infiltrationen von *piduisti*, Männer der P2, in die wichtigsten Sektoren, die Leitung des Landes zu übernehmen. Die Zeit zwischen 1976 und 1981 gilt als die einflussreichste der Geheimloge, als sie nicht nur in Italien sondern auch im Ausland manipulativ tätig war. 1981 erfuhr, während der Ermittlungen gegen Michele Sindona, *piduista*, Bankier und CIA-Mann mit Kontakten zum italienischen organisierten Verbrechen, die italienische Justiz und wenig später auch die Öffentlichkeit von der Existenz der Geheimloge Propaganda 2, was einen Skandal auslöste und de facto das Ende der Loge bedeutete. Im Rahmen der Ermittlungen wurden Mitgliederlisten sichergestellt, in denen auch sehr bekannte Namen zu finden waren, zum Beispiel auch der von Silvio Berlusconi.[177]

Nach dieser Entdeckung wurde eine Untersuchungskommission ins Leben gerufen, in der sich durch Zeugenaussagen herausstellte, dass der eigentliche Chef der Loge nicht Licio Gelli war, sondern angeblich der in politischen Kreisen „Mann der Amerikaner" genannte Giulio Andreotti auch wenn eine Mitgliedsnummer bzw. -karte oder sonstige Beweise nie gefunden wurden.[178] Als also Moro versuchte, die Kommunisten in die Regierung einzubinden, setzte Andreotti mit seiner Zusammenarbeit mit der P2 und den Amerikanern alles daran, um dieses Projekt zum Scheitern zu bringen. Auch Cossiga hatte vor und nach dem Mord Moros direkten Kontakt zur P2. Der Innenminister hatte ja, wie inzwischen bekannt, das *Comitato di crisi* in die Welt gerufen, offiziell, um zu versuchen, Moro zu befreien. Im Krisenkomitee spielten auch die italienischen Geheimdienste eine wichtige Rolle. Als drei Jahre nach der Ermordung Moros die Mitglieder der P2 bekannt wurden, entpuppte sich die Führungselite des SISDE und des SISMI sowie einige der engen Berater des Innenminister als verankerte *piduisti*.[179] Liegt es daran, dass die Ermittlungen während der berühmten 55 Tage so schleppend vorankamen? Und lässt sich nicht möglicherweise mit diesen Erkenntnissen die eine oder andere Ermittlungspanne, wie im Fall von Morettis Wohnung in der Via Gradoli 96, sowie das suspekte Verhalten der UCIGOS-Beamten bei den Ermittlungen um das Volksgefängnis Moros erklären?

Gladio war wie die Loge Propaganda 2 eine Form von *potere occulto*, auch wenn diese Organisation mit anderen Mitteln und Strukturen arbeitete. In den 50er Jahren gegründet, agierte Gladio als paramilitärische „Stay-behind"- Organisation gegen die Ausbreitung des Kommunismus in Italien und war konzipiert, um im Falle einer linken Machtübernahme[180]

---

[177] Vgl. Kellmann, K. Der Staat lässt morden S. 64
[178] Vgl. Di Mario, G. Gli anni del disonore S. 272
[179] Vgl. Imposimato, F. Doveva morire S. 85
[180] Mit Machtübernahme ist sowohl eine demokratische Wahl wie aber auch der Einmarsch von Truppen des Warschauer Paktes in Italien gemeint

einen Gegenangriff vom Inneren des Landes zu starten[181]. Gladio war Teil des von der NATO kontrollierten „Stay Behind Net", eine Vernetzung ähnlicher Organisationen, die in europäischen nichtkommunistischen Länder aktiv waren. Die Organisation wurde vom NATO-Hauptquartier SHAPE im belgischen Mons geleitet.

Die Arbeit der sogenannten „Gladiatoren", die Agenten die im Rahmen der Operationen von Gladio eingesetzt wurden, war auf Sabotage- und Guerillaaktionen fokussiert, zum Teil sogar in Zusammenarbeit mit dem italienischen Militär und den Geheimdiensten, angeblich ohne Mitwissen der Regierung. Stay-Behind Offiziere, hauptsächlich Männer mit militärischer Vergangenheit und antikommunistischer politischer Einstellung wurden mit den US-amerikanischen Special Forces sowie den britischen Special Air Service in geheimen Militärstützpunkte der Alliierten auf ihre Aufgabe vorbereitet.[182] Die in dieser Arbeit bereits angesprochene Operation „Demagnetize" kann als Anlauf für die späteren Aktionen der Gladio mit den lokalen Geheimdiensten angesehen werden.[183] Vorübergehende Destabilisierung durch Terroranschläge die nach Möglichkeit linksextremistischen Gruppen angehängt wurden, sollten zu einer Stabilisierung der politischen Situation des Landes im Sinne der Amerikaner und zum Nachteil der Kommunisten führen. Tote und Verletzte wurden als kalkulierter Nebeneffekt in Kauf genommen. 1990 deckte der Untersuchungsrichter Felice Casson mit Hilfe der Aussagen des wegen eines 1972 erfolgten Anschlages verhafteten Rechtsextremisten und Gladiomitglied Vincenzo Vinciguerra eine Reihe politisch motivierter Anschläge auf, die von SISMI, Gladio und *Propaganda 2* in Auftrag gegeben wurden und anschließend durch Beweisfälschung und die Arbeit von Verbindungsmänner im italienischen Staatsapparat vor allem den Roten Brigaden in die Schuhe geschoben wurden.[184] Auch im Fall Moro sind Beweise vorhanden, die auf eine Einwicklung Gladios zurückschließen lassen: Die Patronenhülsen, die in der Via Fani gefunden wurden waren mit einem Speziallack überzogen, der nur in militärischen Kreisen benutzt wurde. Außerdem wurde eine Großzahl der Schüsse, die am 16. März abgefeuert wurden, kamen aus einem Maschinengewehr des Typus Fna 43, eine Waffe die sonst nie bei Anschlägen der Roten Brigaden benutzt wurde, dafür aber Teil der Gladio-Ausrüstung war. Es ist durchaus möglich, dass die *brigatisti* selbst nicht wussten, dass unter Ihnen ein Gladio- oder Geheimdienstagent eingesetzt wurde, als sie Moro entführten. Moretti hatte nämlich seine römische Kolonne, und das

---

[181] Der Name "Gladio" stammt vom lateinischen „gladius" (Schwert) und wurde symbolisch nur für die italienische Organisation benutzt. Das Symbol des Stay Behind Net war die Eule.
[182] Vgl. Ganser, D. NATO's Secret Armies S. 1 ff.
[183] Vgl. Accame, F. Moro si poteva salvare S. 17 ff.
[184] Vgl. Latsch, G.: Die dunkle Seite des Westens. In: Der Spiegel. Nr. 15, S. 48–50

nicht nur im Fall Moro, so strukturiert, dass bei Anschlägen jeder Terrorist nur über seinen genauen Aufgabenbereich detailliert informiert wurde aber über die Gesamtoperation nur so viel wie nötig erfuhr, zum Beispiel was andere Mitglieder der Einsatzkommandos betraf. Jedenfalls sind nach der Sicherstellung der Beweise die Spezialpatronen der Via Fani aus dem Innenministerium verschwunden und nie wieder gefunden worden. Somit ist ein eindeutiger Beweis der amerikanischen Präsenz durch Gladio nicht mehr vorhanden.[185]

Gladio und die anderen „Stay-Behind"-Schattenarmeen wurden nach dem Zerfall der Sowjetunion offiziell aufgelöst. Ob dies aber tatsächlich geschah, ist weiterhin unbekannt. Als Andreotti 1990 nach der Entdeckung des Materials in Via Monte Nevoso offiziell und ohne Vorwarnung die Existenz der Organisation Gladio unter dem Nato-Schutzschirmes bekannt machte, verursachte er in amerikanischen Kreisen Panik und zwang die NATO zu einer Stellungnahme. Zuerst teilte die NATO im November 1990 mit, dass Guerillaoperationen während des Kalten Krieges nie in Betracht gezogen wurden. Diese Stellungnahme wurde allerdings bereits ein Tag später revidiert; der Presse wurde ein Kommuniqué zugespielt, in dem weitere Äußerungen zu militärischen Geheimoperationen ausgeschlossen wurden.[186]

   8. Epilog

Als am 16. März 1978 Aldo Moro entführt wurde, appellierte Ministerpräsident Andreotti an alle politischen Kräfte des Landes, ein „der Ernsthaftigkeit der Situation entsprechendes politisches Verhalten" einzuhalten: Dass mit entsprechendes Verhalten nicht die Befreiung Moros gemeint war, konnte zu dem Zeitpunkt noch keiner außerhalb der politischen Kreisen wissen. In den ganzen 55 Tagen der Gefangenschaft kam weder ein tröstliches Wort an die Familie, noch schien Andreotti ernsthaft interessiert zu sein, Moro zu befreien. Zu groß war die Angst um seine Macht, zu einflussreich die Interessen der Amerikaner, der Gladio-Organisation, der Loge Propaganda 2 und des organisierten Verbrechens, Welten, in denen der Politiker offensichtlich stark verwickelt war.[187] In dem 1995 gegen Andreotti begonnenen Verfahren, wurden die Dokumente Moros aus der Via Monte Nevoso in Mailand erneut analysiert mit dem Ergebnis, dass selbst nach dem zweiten Fund von 1990 immer noch Teile fehlten, wahrscheinlich die, in denen eindeutig von Andreottis politische

---

[185] Vgl. Feldbauer, G. Agenten, Terror, Staatskomplott. Der Mord an Aldo Moro, Rote Brigaden und CIA S. 61
[186] Vgl. Ganser, D. NATO's Secret Armies S. 25
[187] Andreotti musste sich ab 1995 wegen seinen Beziehungen zur Mafia und wegen dem Vorwurf, er sei der Drahtzieher im Fall Moro, vor Gericht verantworten. In einer Passage der 980-seitigen (!) Anklageschrift heißt es: „Die Beziehung zwischen Senator Andreotti und Cosa Nostra bestand – in keinesfalls unwesentlicher oder nur gelegentlicher Form – mindestens seit 1978 und bis 1992." (s. hierzu: Kellmann, K. Der Staat lässt morden S. 210-211)

Intrigen und Verwicklungen, insbesondere mit der Mafia, die Rede war.[188] 1978 wurde diese ganze kriminelle Struktur und die damit verbundenen Machenschaften mit der Ausrede der *linea di fermezza*, die Linie der Härte, im Namen der Staatsräson, versteckt. Hierzu war die Hilfe von Innenminister Cossiga, als Leiter des einberufenen Krisenstabes, von ausschlaggebender Wichtigkeit. Und genau im Rahmen des Krisenkomitees lassen sich die Absichten der italienischen Politik finden, Moro sterben zu lassen. Dazu sind die Aussagen von Steve Pieczenik einleuchtend. Pieczenik, amerikanischer Terrorismusexperte, war 1978, nach der Entführung Moros, von Cossiga ins Krisenstab zur Beratung der italienischen Regierung geholt worden. Der Amerikaner sagte mehrmals zum Fall Moro was aus. Seine Schilderung der Situation, die anfangs widersprüchlich und unvollständig war, wurde im Laufe der Jahre genauer, glaubwürdiger und formte ein deutlich erkennbares Bild: der Wille des Krisenstabes war der, die *Brigate rosse* zur Ermordung Moros zu zwingen.[189] Nachdem sich Pieczenik geweigert hatte, nach Italien zu reisen und vor der Untersuchungskommission, die im Fall Moro arbeitete, auszusagen, entschied er sich 1998 dazu, sich von der Nachrichtenagentur Ansa interviewen zu lassen: „Moro hätte gerettet werden können, wenn alle involvierten Seiten mit dem Ziel, ihn zu befreien, miteinander kooperiert, und vor allem, wenn diejenigen, die die Ermittlungen führten, diesen Willen gehabt hätten." Und weiter: „Ich beschuldige niemand, aber zur gleichen Zeit vertrau ich niemand. Jeder hätte der Verantwortliche[190] sein können, der damalige Innenminister Cossiga oder Giulio Andreotti. Vom Ministerpräsident bis zu den Geheimdiensten ist jeder verdächtig." Pieczenik behauptete, dass er in den ersten Tagen seines Einsatzes in Italien durchaus nach einem Weg gesucht hätte, eine erfolgreiche Verhandlung mit den roten Brigaden einzufädeln aber dass er schnell merkte, dass seine Anwesenheit als Experte der italienischen Regierung nur als Legitimierung für ihre Arbeit dienen sollte. Jeder Vorschlag, den Pieczenik brachte, wurde nicht in die Tat umgesetzt, Informationen die eigentlich vertraulich waren, verließen ständig das Krisenkomitee und allgemein schien eine Moro-feindliche Atmosphäre in den Kreisen des Krisenkomitees zu herrschen. Als Pieczenik deswegen Cossiga befragte und seine Vermutung äußerte, es gäbe eine Art von Maulwurf, jemand der „weit oben" sei, lautete Cossigas Antwort: „Ja ich weiß, ich weiß. Von sehr weit oben." Diese waren im Wesentlichen die Inhalte der Aussagen von 1998.[191]

---

[188] Vgl. Kellmann, K. Der Staat lässt morden S. 212
[189] Vgl. Imposimato, F. Doveva morire S. 111
[190] i.S.v. Drahtzieher
[191] Vgl. Imposimato, F. Doveva morire S. 112 ff.

Zum richtigen Eklat sollte es allerdings erst 2006 kommen. 28 Jahre nach dem Tod von Moro entschied sich Pieczenik dazu, reinen Tisch zu machen. In einem Interview mit dem französischen Journalist Emmanuell Amara sprach er nochmal von den Ermittlungen und erläuterte die Anweisungen, die er direkt von Cossiga bekommen hatte. Der Amerikaner sollte Zeit gewinnen, damit der Innenminister die totale Kontrolle über die Geheimdienste erlangen konnte. Gleichzeitig musste verhindert werden, dass die Kommunisten zu mächtig wurden, dass die „Faschisten"[192] weitere Gewalttaten ausübten, und dass die Familie Moro eine parallele Verhandlung mit den *brigatisti* startete. Als dann Moro nach einigen Wochen Gefangenschaft durch seinen Brief zu verstehen gab, er sei kurz davor Staatsgeheimnisse zu verraten, beriet der Krisenstab mit Cossiga die weiteren Schritte. Pieczenik beteuerte, dass man sich an einer Abzweigung befinden würde. Es musste entschieden werden, ob Moro leben durfte oder sterben musste. Im Rahmen dieser neuen Entwicklungen wurden die nächsten Schritte zusammen mit den Männern von der P2 und den Geheimdiensten, die alle wichtige Positionen nicht nur in der Politik, sondern auch im Krisenkomitee besetzten, entschieden und gehandelt. Es wurde ein Schritt gewagt, der von den roten Brigaden nicht erwartet werden konnte: das falsche *comunicato no. 7.*[193] Damit wurden die *brigatisti*, die bis dahin laut Pieczenik keinen Fehler begangen hatten, unter psychologischem Druck gesetzt. Sie sollten verstehen, dass kein Interesse von Seiten der Mächtigen vorhanden war, Moro zu retten. Pieczenik organisierte dieses kleinen psychologischen Krieg mit den Terroristen. Gleichzeitig wurde von der Regierung gewollt die Meinung der Öffentlichkeit immer mehr in die Richtung manipuliert, dass Moro nicht mehr bei Sinne sei, dass er gefoltert und misshandelt würde und dementsprechend nicht mehr der Mensch war, den man kannte. Pieczenik endete sein Interview mit der Aussage: „Ich war derjenige, ich gebe es zu, der die strategische Manipulation vorbereitet hat, die zum Tode Moros führte, mit dem Ziel die italienische Situation zu stabilisieren. Die Roten Brigaden hätten ohne Zweifel Aldo Moro befreien können und hätten dadurch viel Erfolg geerntet und ihre Legitimierung erhöht. Im Gegensatz habe ich es geschafft, mit meiner Strategie eine einstimmige Abneigung gegen diese Gruppe von Terroristen und gleichzeitig eine Abneigung gegen die Kommunisten zu schaffen. […] Sie dachten, dass ich alles getan hätte um Moros Leben zu retten, aber genau das Gegenteil ist passiert. Ich habe sie so eingewickelt, dass ihnen nichts anderes übrig blieb, als den Gefangenen zu töten. […] Die Entscheidung Moro, töten zu lassen war keine einfache, wir haben oft diskutiert weil ich es

---

[192] N.B.: Mit Faschisten meinte Pieczenik die Männer von der Loge Propaganda 2
[193] Beauftragung der Magliana-Bande was auch für eine aktive Einwicklung des organisierten Verbrechen spricht

nicht mag, Leben zu opfern… […] Aber die endgültige Entscheidung hat Cossiga getroffen und, ich gehe davon aus, auch Andreotti."[194]

Wir wissen inzwischen, mindestens im Wesentlichen, wer hinter Cossiga und Andreotti stand. Zu viele hatten ein Interesse daran, dass Moro beseitigt wird, seine politischen Ideen und Taten waren den Amerikanern sowie vielen Vertretern der Democrazia Cristiana ein Dorn im Auge. Moro wusste außerdem zu viel über die Geheimnisse und Machtspiele der italienischen sowie internationalen Politik in den Jahren des Kalten Krieges. Ob die Entführung Moros auch außerhalb der Kreise der Roten Brigaden geplant wurde, bleibt weiterhin eine Frage deren Antwort von den Drahtziehern möglicherweise mit ins Grab getragen werden wird. Sicher steht fest, dass der italienische Staatsmann ab dem 16. März 1978, als seine Eskorte liquidiert und er entführt wurde, isoliert war und von keiner entscheidungsmächtigen Seite mehr geschützt werden würde.

Der Kalte Krieg ist inzwischen zu Ende, die italienische Kommunistische Partei sowie die Democrazia Cristiana wurden aufgelöst; die Roten Brigaden, die Geheimloge Propaganda 2 und die Geheimorganisation Gladio gibt es nicht mehr. Sogar die italienischen Geheimdienste SISMI und SISDE wurden ersetzt.[195] Die meisten der Faktoren, die im Fall Moro eine entscheidende Rolle spielten sind verschwunden. Dreißig Jahre sind immerhin eine lange Zeit, die viele Veränderungen mit sich bringt. Nur Giulio Andreotti und Francesco Cossiga sitzen, als Senatoren auf Lebenszeit, heute noch im italienischen Parlament.[196]

---

[194] Zum Interview an Pieczenik und seine weitern Aussagen siehe: Imposimato, F. Doveva morire S. 117-123
[195] 2007 wurde in Italien die Reform der Geheimdienste durchgeführt. Im Rahmen dieser Maßnahme wurden das SISDE und das SISMI jeweils vom AISI (Inlandsnachrichtendienst) und vom AISE (Auslandsdienst)
[196] **Nachtrag vom 10.09.2010**: Francesco Cossiga starb in Rom am 17 August 2010, als diese Arbeit bereits vollendet war. Der ehemalige Innenminister wurde Anfang August wegen Atembeschwerden in die römische „Gemelli"-Klinik eingeliefert. Nach einer anfänglichen Besserung seines gesundheitlichen Zustandes erlitt er einen starken Rückfall und starb dort im Alter von 82 Jahren.

9. Literaturverzeichnis

Bücher:

- Accame, Falco: *Moro si poteva salvare. 96 questiti irrisolti sul caso Moro. Intervista a cura di Marilina Veca.* Massari Editore, Grotte di Castro (VT) 2005
- Agasso, Renzo; Agasso, Renzo Jr.: Il *piombo e il silenzio. Le vittime del terrorismo in Italia (1967-2003).* Edizioni San Paolo, Cinisello Balsamo (MI) 2008
- Berg-Schlosser, Dirk; Stammen, Theo: *Einführung in die Politikwissenschaften.* Beck Verlag, München 2003
- Biagi, Enzo: *La nuova storia d'Italia a fumetti. Dall'impero romano ai nostri giorni.* Arnoldo Mondadori, Milano 2004
- Curcio, Renato; Scialoja, Mario: *A viso aperto.* Arnoldo Mondadori Editore, Milano 1993
- Di Giovacchino, Rita: Il *libro nero della prima Repubblica.* Fazi Editore, Roma 2003
- Di Mario, Guarino; Fedora, Raugei: *Gli anni del disonore: dal 1965 il potere occulto di Licio Gelli e della Loggia P2 tra affari, scandali e stragi.* Edizioni Dedalo, Bari 2006
- Fasanella Giovanni; Franceschini, Alberto: *Che cosa sono le BR. Le radici, la nascita, la storia, il presente. Chi erano veramente i brigatisti e perché continuano a uccidere. La nuova testimonianza del fondatore delle Brigate rosse. Postfazione del giudice Rosario Priore.* RCS Libri, Milano 2004
- Feldbauer, Gerhard: *Agenten, Terror, Staatskomplott. Der Mord an Aldo Moro, Rote Brigaden und CIA.* Papyrossa Verlagsgesellschaft, Köln 2000
- Flamigni, Sergio: Il *covo di Stato. Via Gradoli 96 e il delitto Moro.* Kaos Edizioni, Milano 1999
- Flamigni, Sergio: *Trame atlantiche: storia della loggia massonica segreta P2.* Kaos Edizioni, Milano 1996
- Galli, Giorgio: *Staatsgeschäfte. Affären, Skandale, Verschwörungen. Das unterirdische Italien 1943 - 1990.* Aus dem Italienischen von Monika Lustig. Europäische Verlagsanstalt, Hamburg 1994
- Ganser, Daniele: *NATO's Secret Armies: Operation Gladio and Terrorism in Western Europe: An Approach to NATO's Secret Stay-Behind Armies.* Cass, London 2005
- Guerzoni, Corrado: *Aldo Moro.* Sellerio editore, Palermo 2008

43

- Imposimato, Ferdinando; Provvisionato Sandro: *Doveva morire. Chia ha ucciso Aldo Moro – Il giudice dell'inchiesta racconta.* Chiarelettere editore, Milano 2009
- Kellmann, Klaus: *Der Staat läßt morden. Politik und Terrorismus – heimliche Verbündete* Henschel Verlag, Berlin 1999
- Krauthausen, Ciro: *Moderne Gewalten: Organisierte Kriminalität in Kolumbien und Italien.* Campus Verlag, Frankfurt am Main/New York 1997
- Moro, Aldo: *Lettere dalla prigionia. A cura di Miguel Gotor.* Giulio Einaudi editore, Torino 2008 e 2009
- Sciascia, Leonardo: *L'affaire Moro.* Sellerio editore, Palermo 1978
- Selva, Gustavo; Marcucci, Eugenio: *Quei terribili 55 giorni.* Introduzione di Simona Colarizi. Rubbetino Editore, Soveria Mannelli 2003
- Veneziani, Massimo: *Controinformazione: stampa alternativa e giornalismo d'inchiesta dagli anni Sessanta a oggi.* Alberto Castelvecchi Editore, Roma 2006

Zeitschriften:

- Atlante de La Repubblica (2008): *I giorni di Moro.* Gruppo editoriale L'Espresso Spa, Roma
- Latsch, Gunther (2005): Die dunkle Seite des Westens, in: Der Spiegel. Nr. 15/11. April 2005, S. 48 - 51